Komponisten in Bayern · Bd. 20: Hugo Distler

KOMPONISTEN IN BAYERN

DOKUMENTE MUSIKALISCHEN SCHAFFENS IM 20. JAHRHUNDERT

herausgegeben im Auftrag des
Landesverbandes Bayerischer Tonkünstler e. V. im VDMK

von

Alexander L. Suder

Bd. 20: Hugo Distler

VERLEGT BEI HANS SCHNEIDER · TUTZING

H. Grabner · U. Herrmann · F. Messmer
S. Pontz · W. Thein

HUGO DISTLER

VERLEGT BEI HANS SCHNEIDER · TUTZING
1990

Der Abdruck der Notenbeispiele erfolgte mit freundlicher Genehmigung des Verlages Bärenreiter, Kassel.

ISBN 3 7952 0652 9

Satz: Satzstudio „Süd-West" GmbH, Planegg

INHALTSVERZEICHNIS

* * *

Zu diesem Band gehört eine Musicassette, die Motetten aus der „Geistlichen Chormusik“ op. 12, Teile des „Mörike-Chorliederbuches“ op. 19 und Orgelwerke enthält. Sie bietet damit z.T. die akustische Ergänzung zum analytischen Teil des Buches.

Die Musicassette ist zu bestellen zum Preis von DM 25,— zuzüglich Porto beim Landesverband Bayerischer Tonkünstler e.V. im VDMK, Linprunstr. 16/Rgb., 8000 München 2.

Von der Monographienreihe „Komponisten in Bayern — Dokumente musikalischen Schaffens im 20. Jahrhundert“ sind folgende Bände erschienen:

1) Harald Genzmer
2) Rudi Stephan
3) Karl Marx
4) Hermann W. v. Waltershausen
5) Günter Bialas
6) Anton Würz
7) Hans Melchior Brugk
8) Ermanno Wolf-Ferrari
9) Hans Sternberg
10) Mark Lothar
11) Heinrich Kaminski
12) Erna Woll
14) Franz Xaver Lehner
15) Joseph Suder
16) Ludwig Thuille
17) Kerstin Thieme
18) Fritz Büchtger
19) Jan Koetsier

Der Landesverband Bayerischer Tonkünstler beabsichtigt, die Monographien von folgenden Komponisten als nächste Bände herauszubringen:

Peter Jona Korn
Wolfgang Jacobi
Armin Knab
Heinz Benker
Joseph Haas

Eine Veränderung dieser Liste oder die Verzögerung der Herausgabe bleibt ausdrücklich vorbehalten, da die Edition von Finanzierungsmöglichkeiten und Kapazitäten abhängig ist.

VORWORT

zu der Monographienreihe „Komponisten in Bayern — Dokumente musikalischen Schaffens im 20. Jahrhundert“

Die Musikhistoriker beklagen bei ihren Forschungen über die Musik vergangener Jahrhunderte zu Recht, daß die Quellen längst verschüttet sind, daß die damaligen Zeitgenossen sorglos mit Dokumenten und Aufzeichnungen umgegangen sind und daß dadurch Unersetzliches verlorengegangen ist. Auch in den letzten 80 Jahren ist die Zeit nicht grundsätzlich frei von diesen Fehlern, wenn auch das archivarische und historische Denken wesentlich zugenommen hat. Dies verhindert freilich nicht das allmähliche oder plötzliche Nachlassen des allgemeinen Interesses an einer schöpferischen Persönlichkeit und deren künstlerischer Aussage — und damit das Verstauben von Zeugnissen über Werk und Person in Archiven, sofern überhaupt künstlerische Nachlässe erhalten sind.

Die bayerische Musikforschung hat mit erheblichem Aufwand aufgedeckt, welche Kostbarkeiten in lang vergessenen Kompositionen des 18. und 19. Jahrhunderts enthalten sein können. Nicht anders verhält es sich bei Komponisten des 20. Jahrhunderts, bei denen die Gefahr besteht, daß sie in unserer schnellebigen Zeit vergessen werden, obwohl sie sich würdig an die große Musiktradition unseres Landes anschließen oder sie weiterentwickeln.

Gewiß existieren einzelne Vereinigungen, die sich erfolgreich der Förderung „ihrer“ Komponisten widmen, auch gibt es Komponisten in unserem Land, die schon zu ihren Lebzeiten weit über Bayern hinaus hohes, internationales Ansehen erworben haben. Darüber hinaus wurden viele Werke geschaffen, die in ihrer Substanz Wesentliches zur Beurteilung unserer Zeit beitragen. Die Verpflichtung, sich dieser Komponisten und Werke anzunehmen, sie in kritischer Auswahl mit einer Dokumentation zu verbinden, gewährt dem Kenner wie dem Liebhaber zeitgenössischer Musik einen von Stilrichtungen unabhängigen Überblick, der weit über das Übliche hinausreicht.

Aufgrund dieser Überlegungen hat der Landesverband Bayerischer Tonkünstler die bis ins Jahr 1972 zurückreichenden Bestrebungen und Pläne des Herausgebers aufgegriffen und sich entschlossen, eine Monographienreihe mit Komponisten des 20. Jahrhunderts herauszubringen.

Das von ihm einberufene Kuratorium hat seinen Vorsitzenden gebeten, diese Reihe zu betreuen.

Die erheblichen finanziellen und verlegerischen Probleme konnten erst durch den Bayerischen Musikplan der Bayerischen Staatsregierung gelöst werden. Ein angemessener Staatszuschuß war die Grundlage für die Verwirklichung und ermöglichte eine fortlaufende Reihe von Publikationen über das Generalthema „Komponisten in Bayern". Trotzdem mußten noch Jahre vergehen, bis der erste Band vorgelegt werden konnte, da das Konzept des Herausgebers zunächst vorsah, Tondokumente, also Musicassetten, in das Buch einzubinden. Für diese Idee war kein namhafter bayerischer Verleger zu gewinnen, da zu viele Schwierigkeiten und Verzögerungen damit verbunden gewesen wären. So wird die zu jedem Band vorgesehene Musicassette im Auftrag des Landesverbandes Bayerischer Tonkünstler e.V. im VDMK, der das ganze Projekt trägt, gesondert hergestellt und ist auch dort erhältlich. Nach Möglichkeit sollen im Textband ausführlicher besprochene Werke auf der Musicassette erscheinen, um dem Leser den Nachvollzug an Hand der Musik zu ermöglichen. Darüber hinaus möchte die Musicassette wichtige oder charakteristische Werke festhalten und damit auch manche Komposition der Vergessenheit entreißen.

Denn, und das sei erklärend ergänzt, das Konzept dieser Reihe möchte sich nicht auf jene Komponisten in Bayern beschränken, die international oder national eine große Rolle gespielt haben oder spielen, sondern gedacht ist an eine Art Bestandsaufnahme schöpferischer Kräfte, die heute oder vor Jahren Bedeutung erlangt haben oder nach Ansicht des Kuratoriums für diese Reihe eine entsprechende Qualität aufweisen. Zu dem Begriff „in Bayern" wurde ein etwa zehnjähriger Wohnsitz als Kriterium festgelegt, auch wenn der Schwerpunkt des Wirkens oder die Herkunft nicht in Bayern lag. Bei den lebenden Komponisten soll ein Alter von etwa 65 bis 70 Jahren abgewartet werden, in der Annahme, daß damit die Wesenszüge eines Lebenswerkes deutlich erkennbar sind. Es ist vorgesehen, daß alle Bände einen mehr biographisch orientierten Teil, sodann ein Interview mit dem Komponisten (oder persönliche Äußerungen und Dokumente, Briefe, Bilder) sowie einen dem Werk gewidmeten Teil enthalten (mit Besprechungen und Analysen, Werkverzeichnis und Diskographie). Die Variabilität in der Einheit ergibt sich durch die Unterschiedlichkeit von schöpferischen Persönlichkeiten, Bedeutungen und Situationen und durch die Verschiedenheit der Autoren.

Unser Ziel ist es, in Einzeldarstellungen ein Bild von den schöpferischen Kräften der Musik in Bayern seit Beginn des 20. Jahrhunderts zu geben, ein Unternehmen, das Jahre und Jahrzehnte bis zu seinem Abschluß benötigt.

Der Herausgeber darf bei dieser Gelegenheit mit Freude seiner Dankespflicht genügen: Dem Bayerischen Landtag und der Bayerischen Staatsregierung für die Bewilligung und Zuteilung der Staatszuschüsse, der GEMA-Stiftung und den Bezirken Oberbayern und Schwaben für großzügige finanzielle Förderung, dem Bayerischen Rundfunk für die tatkräftige Unterstützung bei den Tonaufnahmen, dem Verlag Dr. Hans Schneider, Tutzing, für das bereitwillige und klare Engagement, diversen Verlagen und Interpreten für das Entgegenkommen bei den Rechten für die Tonaufnahmen, dem Kuratorium für seine ausgezeichnete fachliche Beratung und dem Vorstand des Landesverbandes Bayerischer Tonkünstler für die sachlich-finanzielle Trägerschaft — allen sei aufs herzlichste gedankt für ihren Beitrag zum Gelingen des Vorhabens.

München, im Februar 1983

Dr. Erich Stümmer *Prof. Dr. Alexander L. Suder*

VORWORT

zum zwanzigsten Band

Fast ein halbes Jahrhundert nach Hugo Distlers frühem Tod ist sein Schaffen einerseits lebendig, andererseits aber auch schon fester Bestandteil der Musikgeschichte des 20. Jahrhunderts geworden. Nach Ursula Herrmanns gründlicher biographischer Studie von 1970 (3. Auflage 1983), so sehr bezeichnend „Rufer und Mahner" überschrieben, ist die hier vorgelegte Monographie das einzige Buch über den Komponisten, das seither erschienen ist. Zwar verbrachte Hugo Distler die ihm verbliebenen 15 Lebensjahre seit Beginn seines Studiums nicht mehr in Bayern, aber er hat doch seine genealogischen und musikalischen Wurzeln in Bayern – auch wenn seine Erinnerungen an die Geburtsstadt Nürnberg keineswegs nur erfreuliche waren. Hugo Distlers ebenso starke wie sensible künstlerische Persönlichkeit, die letzlich ein Opfer nationalsozialistischer Gewaltherrschaft wurde, beansprucht nicht nur historisches Interesse, sondern vor allem unsere bewundernde Aufmerksamkeit in ihrer standhaften geistigen und religiösen Haltung.

Alexander L. Suder

Ursula Herrmann

HUGO DISTLER: LEBEN UND WIRKEN

EIN LODERND HERZ, DAS SCHENKEND SICH VERSPRÜHT

Dich trieb es fort, als deine Stunde schlug,
Aus stillem Wirken in das große Leben.
Der Unrast Stachel war dir eingegeben,
Du warst dir, dir das Leben nie genug.

So hatte sich des Schaffens Glück und Not
Zu Heil und Unheil tief in dir verbunden.
Wir aber denken der beschwingten Stunden,
Da deiner Seele Flammen uns geloht.

Der Welt zur Freude hat sie hell geglüht,
Nun da du eingingst in das ew'ge Schweigen –
Wie wir dich liebten, bleibst du uns zu eigen:
Ein lodernd Herz, das schenkend sich versprüht.

Dieser unmittelbar nach Hugo Distlers Tod von dem väterlichen Freund Paul Brockhaus in Verse gebrachte Nachruf erfaßt das Leben und Wirken des Frühvollendeten in bewegender Lebendigkeit.

Distlers in vielen Dingen so rätselhaft erscheinendes kurzes Leben umspannte eine erstaunliche Vielfalt des inneren und äußeren Erlebens. Es war gezeichnet von unglaublicher Energie, von einem rastlosen Vorwärtsstreben, das beruflich und künstlerisch zu einem steilen Aufstieg führte, dessen er sich jedoch nicht lange erfreuen konnte. Lebensangst, Sorge und höchste Sensibilität ließen Distler inmitten des ihm unverständlichen furchtbaren Kriegsgeschehens zerbrechen an der seine kompositorische Kraft lähmenden Fülle arbeitsmäßiger und seelischer Belastung.

Nach schwerer Kindheit und einem aus zwingenden finanziellen Gründen vorzeitig abgebrochenen Studium in Leipzig begann für den 23-jährigen Distler als Kirchenmusiker in Lübeck endlich eine Zeit freier künstlerischer Entfaltung, die jedoch schon zwei Jahre später durch die unheilvollen politischen Geschehnisse stark beeinträchtigt wurde. Das gesamte weitere Leben und Schaffen des jungen aufstrebenden Kirchenmusikers und Komponisten war eingeengt und überschattet von dem gewaltsamen Vorgehen des Nationalsozialismus. Das hautnahe Erleben des Kirchenkampfes der „Bekennenden Kirche", die zunehmende Rassenhetze und Judenverfolgung, die starken Einschränkungen des beruflichen Wirkens und ganz besonders das unaufhaltsame, grausame Wüten des II. Weltkrieges setzten ihm eine unüberwindbare Barriere.

Distlers kompositorisches Hauptanliegen war die Erschließung neuer musikalisch-geistiger Kräfte, die bezüglich ihrer künstlerisch-qualitativen Gestaltung allen Ansprüchen seiner Zeit gerecht wurden und ihre Basis in der elementaren Kraft und eindringlichen Sprache der alten Formen und Kompositionspraktiken hatten. Er wollte, wie er selbst sagte, *aus der Gebundenheit des bloß Zeitgemäßen wieder vorstoßen in das Reich des Endgültigen*. Sein gesamtes Schaffen ist geprägt von einer unabdingbaren Wahrhaftigkeit, Klarheit und Aufrichtigkeit der Aussage. Es ist eine Mahnung aus lauterem Herzen und Ausdruck tiefsten inneren Empfindens, getragen von dem Wissen um die verantwortungsvolle Aufgabe eines Berufenen.

Kindheit und Jugend

Hugo Distler entstammt mütterlicherseits einem Bauern- und Handwerkergeschlecht aus dem fränkischen Raum, in der Ahnenreihe des schwäbischen Vaters finden sich auch Akademiker und Musiker. Am 24. Juni 1908 als außerehelicher Sohn der Modistin und Damenschneiderin Helene Distler (1881–1969) und des Stuttgarter Maschineningenieurs und späteren Fabrikanten August Louis Gotthilf Roth (1883–1958) in Nürnberg geboren, erlebte Hugo Distler durch die ungünstigen familiären Verhältnisse eine unruhige Kindheit. Als seine Mutter 1912 den Deutschamerikaner Anthony Meter heiratete und mit ihm nach Chicago übersiedelte, blieb Hugo Distler bei den Großeltern in Nürnberg, die dort eine Metzgerei mit umfangreichem Großviehhandel betrieben. Sie ermöglichten ihrem Enkel den Besuch des Nürnberger Realgymnasiums und ließen ihm in der Musikschule Dupont eine angemessene musikalische Ausbildung zuteil werden. 1919 kehrte seine verwitwete Mutter mit ihrem 1913 in Amerika geborenen Sohn Anton Meter (1941 gefallen) – dem Halbbruder des Komponisten – in die elterliche Wohnung nach

Nürnberg zurück. Da sie jedoch kaum noch eine innere Bindung an ihren Sohn Hugo hatte, blieb Hugo Distlers Kindheit und Jugend überschattet. Bei aller Fürsorge durch die Großeltern fehlte ihm die Nestwärme eines geordneten und liebevollen Elternhauses, was ihn zur Vereinsamung und inneren Verstörtheit führte, die wohl eine entscheidende Wurzel seiner später immer wieder durchbrechenden Lebensangst war. Hinsichtlich seiner geistigen Bildung und Entwicklung war er schon früh auf sich selbst gestellt, was ihn bereits in jungen Jahren dazu führte, seine Bildung durch intensives Literaturstudium zu vervollkommnen. Da sich die finanzielle Situation zuhause verschlechtert hatte, konnte er seine geliebten Bücher nur mit dem mühsam verdienten Geld aus Nachhilfestunden kaufen.

Recht erfreulich war aber das musikalische Vorankommen, da Carl Dupont bei dem überdurchschnittlich begabten Schüler Hugo Distler bald den Klavierunterricht selbst übernahm. Durch weitere musiktheoretische Unterweisungen bei dem Musikschriftsteller Erich Rhode wurden seine frühen Kompositionsversuche bald in geordnete Bahnen gelenkt. Er verspürte wie so viele schöpferische Musiker seiner Generation zunächst eine starke Hinneigung zur Klangwelt der Romantik und insbesondere zur Kunst Richard Wagners.

Wie sehr mußte es ihn aber treffen, als drei Versuche, eine Freistelle am Nürnberger Städtischen Konservatorium zu bekommen, wegen *mangelnder Begabung* fehlschlugen! Obwohl er davon überzeugt war, daß der wahre Grund hierfür wohl in seinen etwas ungewöhnlichen häuslichen Verhältnissen lag, verstärkte sich bei dem strebsamen und doch so sensiblen jungen Distler hierdurch das sich schon von früher Kindheit her abzeichnende Gefühl eigener Minderwertigkeit in bedrohlichem Maße. Welcher Triumph aber, als er nach Ablegung des Abiturs 1927 die Aufnahmeprüfung am Leipziger Konservatorium mit Auszeichnung bestand!

Musikstudium in Leipzig

Das Studium in Leipzig brachte für Distler etliche Vorteile: die international anerkannte Ausbildungsstätte bot eine breite Palette an Studiermöglichkeiten; hier wirkten hervorragende Künstler und Pädagogen. Das Musikleben der Stadt hielt mit den Thomanern, den Gewandhauskonzerten und dem berühmten Leipziger Opernhaus viele Wege musikalischer

Bildung bereit. Für ihn persönlich war es außerdem wichtig, daß er bei der einzigen Schwester seiner Mutter, Anna Dittrich, der er sich menschlich schon immer eng verbunden fühlte, die Möglichkeit geborgener Unterkunft finden konnte.

Distler nahm anfänglich ein Kapellmeisterstudium bei Dr. Max Hochkofler auf und wählte als zweites Fach Klavier, wo er Schüler von Carl Adolf Martienssen wurde. Doch schon bald fiel seinen Lehrern Martienssen und Dr. Hermann Grabner (Tonsatz) die ungewöhnliche kompositorische Begabung ihres gemeinsamen, mitunter so eigenartig scheu und ungemein sensibel erscheinenden Schülers auf. Sie rieten ihm dringend, auf die Fächer Komposition und Orgel umzusatteln, was er auch sofort tat, zumal er durch Grabners Vermittlung in die Orgelklasse von Günther Ramin kommen konnte. Nebenher widmete er sich aber weiterhin mit großer Begeisterung dem Dirigieren. Als Berufsziel schwebte ihm nun das Wirken als Theorie- und Kompositionslehrer an einem Musikinstitut vor; der Gedanke an eine nähere Beschäftigung mit der Kirchenmusik tauchte zunächst nicht auf.

Besonderen Einfluß auf den jungen zielstrebigen und doch so schnell zu verzweifelter Selbstaufgabe bereiten Distler übte der Reger-Schüler Hermann Grabner aus. Grabner vermochte ihn nicht nur als ausgezeichneter Pädagoge fachlich schnell voranzubringen, sondern er nahm sich seiner auch menschlich in liebevoller Weise an. Er blieb Distler lebenslänglich ein väterlicher Freund, auf dessen Urteil und Rat er stets größten Wert legte.

Entscheidende Impulse empfing Distler auch von seinen beiden Orgellehrern. Günther Ramin war damals als Nachfolger seines Lehrers Karl Straube Organist an der Thomaskirche und gehörte gleichzeitig als Gewandhausorganist und hervorragender Orgelvirtuose, Cembalist und Improvisator zu den führenden Männern innerhalb der Orgelbewegung. Auch in Friedrich Högner, der liturgisches Orgelspiel unterrichtete, fand Distler eine ihn stark beeindruckende Persönlichkeit.

Distler widmete sich seinem Studium mit solchem Fanatismus, daß er sich kaum eine Ablenkung gönnte. Im Kreise gleichaltriger Freunde liebte er zwar durchaus die gemütliche Geselligkeit (wobei er unglaublich lustig und ausgelassen sein konnte), er nahm auch an kleinen Festlichkeiten bei seinen Lehrern Grabner und Ramin freudig teil, doch für sonstige Zerstreuungen hatte er keinen Sinn. Durch seinen enormen Lerneifer und

Bildungsdrang war er am gesamten musikalischen Geschehen ungemein interessiert, er begeisterte sich an den Freitagsmotetten der Thomaner genauso wie an Werken Hindemiths, an Honeggers Oratorium „König David", Kurt Weills Oper „Der Zar läßt sich photographieren", Puccinis „Gianni Schicchi" oder Kreneks „Jonny spielt auf". Es faszinierten ihn aber auch die vielen Bach-Aufführungen durch Karl Straube in der Thomaskirche, die Leipziger Studienzeit vermittelte ihm eine vielseitige Musikkenntnis.

Kompositorisch hatte er sich inzwischen so weit vervollkommnet, daß 1930 auf Empfehlung Karl Straubes, der schon bald auf den kompositorisch außergewöhnlich begabten Distler aufmerksam geworden war, seine Konzertante Sonate für zwei Klaviere op. 1 und die doppelchörige Motette „Herzlich lieb hab ich dich, o Herr" op. 2 im Verlag Breitkopf & Härtel im Druck erschienen.

Das Jahr 1930 brachte für Distler eine folgenschwere Wende. Ende August starb sein Stiefgroßvater (Johann Herz, der zweite Mann seiner Großmutter) in Nürnberg, der das Studium seines Enkels wesentlich finanziert hatte. Distler lebte zwar schon immer sehr sparsam und verdiente sich nebenbei durch Gelegenheitsarbeiten wie Notenschreiben oder als Chorleiter eines Sportklubs etwas Taschengeld, doch reichte dies längst nicht aus, um damit das ganze Studium zu bezahlen. So sah er keine Möglichkeit mehr, sein Studium weiter fortzusetzen. Er faßte daher den Plan, sein Studium zu unterbrechen, in der Absicht, es später vielleicht wieder aufzunehmen und abzuschließen. Auf Vorschlag Günther Ramins bewarb sich Hugo Distler mit hervorragenden Zeugnissen seiner Lehrer um das Organistenamt an der St. Jakobi-Kirche in Lübeck. Da die Abstimmung im Kirchenvorstand trotz eindeutiger fachlicher Überlegenheit Distlers Stimmengleichheit für zwei Bewerber erbrachte, entschied das Los: es fiel auf Hugo Distler! Damit war jene Weichenstellung vollzogen, die nicht nur für sein persönliches Wirken und Schaffen, sondern darüber hinaus für die Entwicklung der deutschen Kirchenmusik ganz allgemein von entscheidender Bedeutung werden sollte.

Amtszeit in Lübeck

Hugo Distler fand in der Jakobi-Gemeinde in Lübeck insofern günstige Verhältnisse vor, als Pastor Axel Werner Kühl als Michaelsbruder und aktives Glied des Berneuchener Kreises den Ideen der theologischen und liturgischen Neubesinnung nahestand und gleichzeitig als sachkundiger Orgelkenner und begeisterter Chorsänger musikalische Aktivität ausstrahlte. Das Kantorat an St. Jakobi hatte vorübergehend Studienrat Bruno Grusnick inne. Er war ebenfalls Michaelsbruder, der mit dem von ihm gegründeten Lübecker Sing- und Spielkreis für das Wirken Distlers bald von entscheidender Bedeutung werden sollte. Von großer Wichtigkeit waren ferner die beiden historischen Orgeln der Jakobikirche: das große Hauptinstrument auf der Westempore und die kostbare kleine von Friedrich Stellwagen erweiterte Orgel aus dem späten 15. Jahrhundert an der Nordwand der Kirche. Gute Orgeln befanden sich auch in der Marienkirche und im Dom.

Distler bezog eine kleine Wohnung am Jakobikirchhof 3 und wurde im Gottesdienst am 11. Januar 1931 feierlich in sein Amt eingeführt. Der schmale, äußerlich recht unscheinbare und schüchterne junge Mann brachte freilich weder berufliche Erfahrung noch ausgereifte menschliche Selbständigkeit mit, aber er besaß einen reichen Fundus musikalisch-fachlichen Könnens; in ihm brannte leidenschaftliches Feuer, das nach freier Entfaltung strebte. Wenn auch die finanzielle Lage bedrückend war - die Organistenstelle brachte ihm monatlich 70,— RM ein und konnte durch zusätzliche Dienste schließlich auf 110,— RM erhöht werden! - griff er schnell alle Möglichkeiten musikalischer Tätigkeit auf und wuchs dankbar in die beglückende Zusammenarbeit mit Pastor Kühl und Bruno Grusnick hinein.

Eine erste neue Aufgabe für Distler war die regelmäßige Gestaltung von musikalischen Vespern, die er in großem Verantwortungsbewußtsein durch alle Jahre seines Wirkens in Lübeck veranstaltete. Nach vier Monaten übernahm er auch den Kantorendienst an St. Jakobi. Das in seiner Kirche gepflegte neue liturgische Singen, seine Mitwirkung als Chorist im Chor von Bruno Grusnick und die Möglichkeiten des Einsatzes der beiden Jakobi-Orgeln inspirierten ihn bald zu reicher kompositorischer Tätigkeit. Einerseits regte ihn die Atmosphäre lebendiger Musizierpraxis in dem ihm auch menschlich so wichtigen Lübecker Sing- und Spielkreis wie auch das dortige intensive Erleben der Klang- und Ausdruckswelt eines Heinrich Schütz und Leonhard Lechner an, andererseits fand Distler in Bruno Grusnick auch einen verdienstvollen Chorleiter, der seine eben entstandenen Chorwerke sofort zur Aufführung brachte. So ergab sich von vornherein ein ganz aus seinem kirchenmusikalischen Amt erwachsenes ideales Zusammengehen praktischer und schöpferischer Möglichkeiten, die schon seit 1931 an St. Jakobi eine intensive Erneuerung der Kirchenmusik sichtbar werden ließen.

Hugo Distlers künstlerische Tätigkeit war zunächst ganz vom Tasteninstrument her bestimmt. War er bereits als Kind und Jugendlicher erfolgreich mit Klavierdarbietungen hervorgetreten, so verlagerte sich sein Interesse während der Leipziger Studienzeit immer mehr auf die Orgel, deren Klangfarbenreichtum ihn besonders fesselte. Schon von Ramin in seinem Zeugnis vom 2. November 1930 als ein *künstlerisch selbständig empfindender Musiker* nach Lübeck empfohlen, dessen *Leistungen im Unterricht stets den Stempel des Besonderen* trugen, entwickelte er sich bereits in den Jahren seiner Lübecker Amtszeit zu einem gesuchten Orgelinterpreten. Als solcher sah er jedoch seine Hauptaufgabe immer in einem niveauvollen Orgelspiel innerhalb des Gottesdienstes. Orgelkonzerte in Lübeck, Lüneburg, Ratzeburg, Mülheim/Ruhr, Berlin und Nürnberg brachten ihm allerhöchste Anerkennung als Orgelvirtuose großen Stils ein. Wenn er sich im konzertanten Orgelspiel auch überwiegend auf die Darbietung Bachscher und eigener Orgelwerke konzentrierte, so waren seine Interpretationen stets von besonders gerühmter Klarheit, musikalischer Durchdringung, plastischer Farbigkeit und leidenschaftlichem Temperament gekennzeichnet. Vor allem legte er großen Wert auf eine möglichst vielgestaltige und der jeweiligen Anlage des Stückes entsprechende Registrierung, die daher immer mit großem Zeitaufwand sehr sorgfältig vorbereitet wurde. Am liebsten spielte er reine Bach- oder Distler-Programme, weil er der Meinung war, nur so könne sich der Hörer ganz in die Welt eines Komponisten hineinfinden. Fred Hamel beurteilte Distlers Bachspiel in der „Deutschen Allgemeinen Zeitung“ vom 5. Mai 1940 wie folgt: *Wie Distler diese inneren Kräfte entbindet, wie er die polyphone Logik, die Bewegungsenergie, die rhythmische Spannung und den Phrasierungsatem erfaßt: das ist eine ebenso einzigartige wie bezwingende Kunst... In dieser unerbittlich auf das Wesentliche gerichteten, fanatischen Gestaltungskraft werden gerade die berühmtesten der Bachschen Orgelwerke zu neuen, bezwingenden Offenbarungen.* Professor Walter Kraft äußerte (am 6. September 1968 in einem Brief an die Verfasserin) seine Begeisterung über Distlers Vortrag eigener Orgelwerke in den Worten: *Komposition und Spiel waren hier völlig „in uno“. Niemals habe ich später eine solche Einheit bei einer Interpretation von Distler-Werken wieder vernommen; sein Spiel war – was bei Komponisten durchaus nicht immer der Fall ist –*

seinem Werk adäquat, kongenial. Mit besonderem Nachdruck sei auch auf die hohe Improvisationskunst Distlers verwiesen. Seine einfallsreichen, in bestechend leichter und lockerer Art vorgenommenen Orgelimprovisationen, die sich jedem Hörer unvergeßlich einprägten, bestimmten auch später die von ihm immer wieder angestrebte Transparenz seines Chorklanges.

Trotz aller sich bietenden Vorzüge seines Wirkens in Lübeck reifte in Distler 1932 der Entschluß, sich eine andere Wirkungsstätte zu suchen. Sein aus finanziellen Gründen sehr verstreutes Arbeitsfeld (er erteilte zusätzlich Instrumentalunterricht, leitete den Chor des Deutschen Handlungsgehilfenverbandes und das Lübecker Kammerorchester) und sein von starkem Ehrgeiz beherrschter Trieb, hohe Leistungen zu vollbringen, bestimmten ihn zu einer Bewerbung um das Kantorat an der Stadtkirche zu Wittenberg, das mit dem Organistenamt an der Schloßkirche gekoppelt war. Dort *als zu jung* abgewiesen, griff er gern das Angebot von Gerhard Schwarz auf, als Lehrkraft an der Kirchenmusikschule in Berlin-Spandau zu wirken. Ab September 1933 fuhr er 14-tägig zwei Tage nach Berlin, um dort 20 Unterrichtsstunden in den Fächern Harmonielehre, Kontrapunkt und Komposition zu erteilen. Als kurz darauf das „Lübecker Staatskonservatorium“ gegründet wurde, übernahm er die Leitung der Kirchenmusikabteilung. Endlich wurde er auch hauptamtlicher Organist an St. Jakobi. Da Distler alles, was er in Angriff nahm, mit schonungslosem Einsatz seiner ganzen Person und mit fanatischem Eifer betrieb, bahnte sich bei dieser arbeitsmäßigen Überlastung bald eine durch sein dämonisch-ruheloses Leben unterstützte Katastrophe an: er erlitt in totaler psychischer und physischer Erschöpfung Anfang des Jahres 1934 einen Nervenzusammenbruch.

Glücklicherweise stand ihm in Waltraut Thienhaus, die er am 14. Oktober 1933 geheiratet hatte, eine Frau zur Seite, die ihm eine verständnisvolle und stets helfende Partnerin war. Ihre große Geduld und die liebevolle Bereitschaft, alles Schwere verantwortungsbewußt mitzutragen, war ihm damals ein wesentlicher Quell neuer Kraft. Als ein besonderes Geschenk sah er als glücklicher und zärtlich liebender Vater die Geburt seiner Tocher Barbara am 5. Dezember 1934. Die junge Familie fand dann Aufnahme in der geräumigen Villa Thienhaus, womit auch das leidige Wohnungsproblem gelöst war. Die Familie vergrößerte sich später noch um Andreas (1936) und Brigitte (1941).

Geprägt von den Ideen der musikalischen Jugendbewegung, war Distler auch gern bereit, kompositorisch und künstlerisch auf diesem Gebiet mitzuarbeiten. Durch die seit 1932 bestehenden Kontakte zum Bärenreiter-Verlag in Kassel konnte er gleich als aktiver Mitarbeiter im „Arbeitskreis für Hausmusik" gewonnen werden, der 1933 anläßlich der erstmals durchgeführten „Kasseler Musiktage" gegründet wurde. In den Veranstaltungen der nächstfolgenden „Kasseler Musiktage" war Distler nun immer als Cembalist, Organist und Komponist zu finden. Seine hervorragende Chorarbeit ließ ihn überdies schnell zu einem begehrten Chorleiter bei den verschiedensten Singwochen werden.

Von besonderer Wichtigkeit für ihn wurde die persönliche Bekanntschaft mit dem von ihm sehr verehrten Paul Hindemith, dem er die kleine Jakobi-Orgel vorführte und dabei mit seiner soeben fertiggestellten Orgelpartita „Nun komm, der Heiden Heiland" Hindemiths reges Interesse fand.

Hugo Distler hatte sich in Lübeck vorwiegend der Komposition von Kirchenmusik zugewandt, hier entstand fast sein gesamtes geistliches Lebenswerk: „Deutsche Choralmesse", „Choralpassion", „Weihnachtsgeschichte", „Der Jahrkreis", „Geistliche Chormusik", „Liturgische Sätze", zwei Orgelpartiten. Nach und nach wuchs er aber auch in das weltliche Schaffen hinein, wie es seine weltlichen Kantaten, das „Lied von der Glocke", die zahlreichen Chorsätze des „Neuen Chorliederbuchs", die beiden Cembalo-Konzerte und instrumentale Kammermusiken beweisen. Er war damit in die erste Reihe der zeitgenössischen Komponisten gerückt, über den 1935 in der Berliner Börsenzeitung (vom 17. Oktober) zu lesen war: *Hugo Distler ist die große Hoffnung der deutschen Kirchenmusik, der deutschen Musik schlechthin ...* Darüber hinaus tauchte sein Name nun immer häufiger in Fachzeitschriften auf, auch der Rundfunk nahm Notiz von dem verheißungsvollen jungen Komponisten.

Es war für Distler ein großes Glück, daß fast alle seine Kompositionen sehr schnell zur Ausführung gelangten. Sorgte zunächst der Lübecker Sing- und Spielkreis für die sofortige Aufführung aller Distlerschen Chorwerke, konnte er später selbst mit seinen verschiedenen Chören auch all seine neuen Kompositionen gleich an die Öffentlichkeit bringen. Seine Orgelwerke fanden durch sein authentisches Spiel ihre erste Verbreitung, doch diese trafen vielfach auf Unverständnis und wurden zum Teil als *eine Zumutung an die Musikalität der Hörer* (Fritz Stege in der Zeitschrift für Musik, 1939, S. 273) empfunden. Die gute Zusammenarbeit zunächst mit dem Leipziger Verlag Breitkopf & Härtel und später mit dem Bärenreiter-Verlag Kassel brachte auch eine erstaunlich frühzeitige Drucklegung seiner Werke, die häufige Aufführungen in den verschiedensten Städten Deutschlands ermöglichte.

Das Leben und Wirken Hugo Distlers wurde aber überschattet von dem seit 1933 herrschenden Hitler-Regime. Der staatliche Vorwurf, die junge Kirchenmusik stehe im Dienste der Reaktion, das Auftrittsverbot für jüdische Künstler, die Unterbindung der Aufführung von Werken jüdischer Komponisten, die umfangreiche Liste der als „entartete Kunst" verworfenen Werke (auch Distlers 2. Cembalo-Konzert wurde als „kulturbolschewistisch" verschrien!) und die Aufführungsbehinderungen durch Partei und Hitler-Jugend waren für Distler nur schwer zu ertragen. Als sich dann der „Kirchenkampf" 1936/37 in Lübeck derartig zuspitzte, daß neun Pastoren der Stadt durch Hausarrest an der Ausübung ihres Dienstes gehindert wurden, fühlte sich der so sensible Jakobi-Organist schutzlos und ausweglos der brutalen Gewalt des NS-Staates ausgesetzt, was ihn innerlich vollständig zerbrach. Es gab für ihn nur den einen Weg, Lübeck zu verlassen und an einer anders gelagerten Wirkungsstätte neu zu beginnen.

Er konnte zwischen zwei Berufsangeboten auswählen. Die Staatliche Hochschule für Musikerziehung und Kirchenmusik in Berlin-Charlottenburg bot ihm eine hauptamtliche Dozentur für Komposition an. Gleichzeitig erreichte ihn die Anfrage, ob er an der Württembergischen Hochschule für Musik in Stuttgart musiktheoretische Fächer und die Leitung der Hochschulkantorei übernehmen wolle. Distler entschied sich für Stuttgart, da ihm hier auch verantwortliche chorische Arbeit ermöglicht werden sollte.

Der Abschied von Lübeck war für Distler zwiespältig. Einmal brachte er die Trennung von Freunden, die ihm sehr viel bedeuteten. So verband ihn eine enge Freundschaft mit Pastor Kühl und Bruno Grusnick, die beide die ständige innere Spannung und Erregung des mitunter so unberechenbaren jungen Mannes kannten und freundschaftlich auffingen. Da war ferner die Distler so wohltuende Gemeinschaft des Lübecker Sing- und Spielkreises und das damit verbundene Erleben und Mitgestalten beeindruckender Werkaufführungen. Nicht zuletzt kam ihm die Trennung von seinen beiden geliebten Orgeln sehr schwer an. Andererseits aber erweckte die Aussicht auf ein ganz anderes Wirkungsfeld in ihm neue Hoffnungen auf eine freiere berufliche und kompositorische Entfaltung.

Hochschultätigkeit in Stuttgart

Als Hugo Distler am 1. April 1937 seine Lehrtätigkeit an der Stuttgarter Musikhochschule antrat, erwarteten ihn wöchentlich 30 Unterrichtsstunden in den Fächern Musiktheorie, Formenlehre und Chorleitung sowie ein reiches chorisches Wirken mit dem Hochschulchor und der Hochschulkantorei. Mit großem Eifer gab er sich allen neuen Aufgaben hin und schmiedete bald Pläne für eine umfangreiche Konzerttätigkeit. Sofort nahm er auch Kontakt auf zu seinem Gemeindepfarrer und dem Landeskirchenmusikwart, da ihm nach wie vor die enge Verbindung zur Kirche und die Weiterführung des eigenen kirchenmusikalischen Schaffens sehr am Herzen lag. Leider erfuhr er bald Widerstand seitens des NS-Studentenbundes „Die Fachschaft". Alle Angriffe richteten sich vornehmlich gegen Distlers kirchliche Bindung und sein klares Eintreten für die Pflege der Kirchenmusik. Glücklicherweise wurde ihm aber durch die Hochschulleitung und etliche Kollegen Hilfe und persönliche Unterstützung zuteil, so daß er schließlich diesen Angriffen widerstehen und sich mit ganzer Kraft seinen neuen Pflichten widmen konnte.

Die Stuttgarter Jahre sollten nun überwiegend glückliche Jahre werden. Distler fand schnell einen Freundeskreis und schöpfte mit großem Interesse alle sich bietenden kulturellen Möglichkeiten der Stadt Stuttgart aus. Er gab sich mit Leidenschaft allen Künsten hin und hatte ein elementares Bedürfnis nach Schönheit, so daß er für ein Werk der bildenden Kunst, der Malerei oder der Dichtkunst in helle Begeisterung geraten konnte. Ihn sprach alles Maßvolle und organisch Gegliederte unmittelbar an, weshalb er ja auch gern, wenn er nicht die Musikerlaufbahn eingeschlagen hätte, Architekt geworden wäre. Besonders nahe stand er der Dichtkunst, der er sich auch selbst ausübend widmete. Distler hatte von Natur aus auch einen offenen Sinn für Humor. In seinen glücklichen und zufriedenen Zeiten war er zu allerhand Scherzen aufgelegt und erlaubte sich manchen Streich. Er konnte sich in sorgloser Ausgelassenheit völlig entspannen, erzählte gern Witze und trug im geselligen Beisammensein gern lustige Geschichten und heitere Episoden vor. Auch wußte er seinen eigenen Schwächen humorvoll zu begegnen. So machte er beispielsweise aus seiner wenig sportlichen Veranlagung kein Hehl und teilte seinen Freunden launig mit, wie sich seine über Jahre hinziehenden Versuche auf dem Gebiet der Schwimmkunst gestalteten: *Ich lerne zur Zeit das Schwimmen: eine schwierige, gefährliche Sache, schwerer zuwege zu bringen als die größte*

24-stimmige Motette! Aus dem an der Angel hängenden Zustand bin ich heute bereits in den durch Büchsen einigermaßen gesicherten Zustand übergegangen; dann kommt der Korkgürtelzustand und dann das letzte Stadium, ob ich's so weit bringe? (26. Juni 1933).

Der Wirkungskreis Distlers in Stuttgart erweiterte sich schnell. Als faszinierender Chordirigent übernahm er zusätzlich die Leitung der Esslinger Singakademie, führte Chorleiterkurse durch, wirkte aktiv bei Singwochen und Musiktagen mit und entfaltete eine reiche eigene Konzerttätigkeit. Daneben widmete er sich kompositorisch während eines Erholungsaufenthalts in Schweden wieder geistlichen Werken und begann die Arbeit an einer A-cappella-Passion nach dem Evangelisten Johannes. Hugo Distler war von jedem neugefaßten Kompositionsplan immer ganz erfüllt. Da ihn seine ständige arbeitsmäßige Überlastung aber häufig daran hinderte, sich sofort ans Komponieren zu setzen, wurde vieles nicht ausgeführt oder kam nicht über Skizzen hinaus. Deshalb benutzte er gern die Ruhe der Ferien zum Komponieren. Er konzentrierte sich grundsätzlich jeweils nur auf eine kompositorische Aufgabe und feilte und korrigierte sehr sorgsam. Sein beständiges Weiterarbeiten an den Kompositionen veranlaßte ihn häufig zu späteren Korrekturen, es kam sogar gelegentlich noch beim Einstudieren seiner Chorsätze zu manchen Änderungen.

Sein kompositorisches Ansehen hatte sich unterdessen soweit gefestigt, daß etliche seiner Werke beim „Fest der deutschen Kirchenmusik" im Oktober 1937 in Berlin erfolgreich zur Aufführung gelangten. Er selbst fühlte sich jedoch durch mangelnde eigene kirchenmusikalische Praxis im Bereich der Kirchenmusik jetzt an die Peripherie geraten. Staatlicherseits wurde er wegen seiner positiven Einstellung zur Kirche und Kirchenmusik immer mehr in den Hintergrund gedrängt, nur mit knapper Not entging er der Einstufung seiner Werke in die Gattung der „entarteten Kunst".

Dem physisch und psychisch ständig überforderten Distler war es eine große Hilfe, daß er 1938 mit seiner Familie ein kleines neueres Haus mit Garten und Garage – Distler wurde dann auch Autobesitzer und Autofahrer – in dem Stuttgarter Vorort Vaihingen bezog, das zwischen Wiesen und Feldern nahe am Walde gelegen war. In dieser Oase weitab vom Lärm und Zwang der Großstadt und aller Institutionen wuchsen ihm neue Kräfte zu. Hier konnte er auch seinen Wunschtraum nach einer eigenen Orgel verwirklichen, die seine immerwährende Sehnsucht nach seiner

Lübecker Jakobi-Orgel stillte und auch den Anstoß zu neuen Orgelwerken gab.

Distlers besondere Liebe zur Dichtkunst führte ihn dazu, sich intensiv mit literarischen Werken der verschiedensten Zeitepochen auseinanderzusetzen. Als er in einer Phase *kompositorischer Depression* gerade Oskar Söhngen gegenüber in einem Brief vom 27. Januar 1938 geäußert hatte: *Ich sagte Ihnen schon, daß ich voller Unruhe bin. Ich lasse mich heute treiben, wohin mein Dämon es will*, wurde er plötzlich von der plastischen und klaren Sprache des schwäbischen Dichters Eduard Mörike derartig ergriffen, daß er den Plan faßte, ein umfangreiches „Mörike-Chorliederbuch" zu schreiben. Ein halbes Jahr widmete er sich vorwiegend dieser Aufgabe, die ihn ganz und gar gefangen hielt. Die von Distler mit seinem Stuttgarter Hochschulchor beim „Fest der deutschen Chormusik" im Juni 1938 in Graz daraus zur Uraufführung gelangten 15 Chorsätze fanden uneingeschränkte Anerkennung. Die Fachwelt erkannte sogleich in diesem völlig neuen Chorstil Distlers die Chance einer zukunftsträchtigen Weiterentwicklung der Chormusik überhaupt.

Hier in Graz faszinierte aber nicht nur der neue Chorstil des Komponisten Distler, sondern es setzte auch die Art der Chorleitung alle Hörer in Erstaunen. Hiervon berichtet Waldemar Klink begeistert: *Als Distler in seinem kurzen Fräckchen auftrat und den Hochschulchor mit knappen Dirigierbewegungen zu den erstaunlichsten rhythmischen Artismen leitete, wurden wir alle unruhig, und Altmeister Greiner - ein unverbesserlicher Romantiker - flüsterte uns zu: „Kinder, das ist das Neue, auf das wir das ganze Fest hindurch gewartet haben" ... Das ist der Höhepunkt der Grazer Chorwoche, das ist der Beginn einer neuen Chorepoche.* (Brief vom 24. Juni 1969 an die Verfasserin)

Erst in Lübeck war er durch die ihm allmählich zugewachsene Möglichkeit chorischer Arbeit als Chorleiter aktiv geworden; seine steile Laufbahn begann mit dem kleinen Kirchenchor und dem Kinderchor an St. Jakobi. Die Mitarbeit bei den Kasseler Musiktagen und die Durchführung von Singwochen ermöglichte ihm eine weitere Erprobung und Entfaltung seiner chorleiterischen Qualitäten, die ihn dann auch zu einem gesuchten Dozenten auf diesem Gebiet werden ließen. Seine eigene Chorarbeit war sehr hart, in zäher chorischer Kleinarbeit erreichte er in unerbittlicher Strenge beste Leistungen. Er ging konsequent jeder Einzelheit nach und es machte ihm nichts aus, lange Zeit ausschließlich an ein paar Takten zu probieren, bis ihre Ausführung endlich seinen Vorstellungen entsprach. Gleichzeitig behielt er aber immer das lebendige Musizieren im Auge und vermochte die innere Freude am Erreichten voll auszustrahlen.

Der sensationelle Erfolg in Graz brachte Distler die verschiedensten Einladungen ein, vor allem zeigte sich von jetzt ab die Berliner Musikhochschule sehr an Distler interessiert. Leider wurde aber Distlers beglückender Erfolg sehr bald durch die Zuspitzung der allgemeinen politischen Lage getrübt. Der gewaltsame Anschluß Österreichs an Deutschland und die Besetzung des Sudetenlandes durch deutsche Truppen ließen bereits 1938 die Nähe eines europäischen Krieges ahnen. Als dann am 1. September 1939 der Krieg losbrach, sah Distler mit größter Besorgnis und tiefer innerer Erregtheit allen sich nun überstürzenden Ereignissen entgegen. Die vorübergehende Schließung der Hochschule, erste Todesnachrichten von gefallenen Schülern, die eventuell bevorstehende Evakuierung seiner Familie und schließlich die eigene Musterung und das an ihn gestellte Ansinnen, sich „freiwillig“ nach Polen zur SS zu melden, lähmten seine Arbeitskraft in beängstigendem Maße. Obwohl schwankend zwischen *Getrostheit und einer tiefen Niedergeschlagenheit*, raffte er sich dann doch wieder zu kreativer Tätigkeit auf. Er stellte seine ganz aus der Unterrichtspraxis heraus erwachsene „Funktionelle Harmonielehre“ fertig, die als so wichtig erachtet wurde, daß sie trotz kriegsbedingter Schwierigkeiten sogleich im Druck erschien. In der Hoffnung, sich in der kulturellen Szene unentbehrlich zu machen, ergriff er jetzt jede sich bietende Gelegenheit zu konzertieren. Zu einem besonders wichtigen Erlebnis für ihn wurde sein höchst erfolgreiches Konzert an der großen Orgel der St. Lorenz-Kirche in Nürnberg. Damit war es ihm endlich vergönnt, seine hohen künstlerischen Qualitäten auch in seiner Heimatstadt, die ihm in seiner Jugend manch bitteres Erleben gebracht hatte und das ihn zeitlebens belastete, unter Beweis zu stellen.

Von Bedeutsamkeit war für Distler Anfang Mai 1940 die Ernennung zum Professor. Er fühlte sich durch diese ehrenvolle Berufung nicht nur in seiner pädagogischen, künstlerischen und kompositorischen Tätigkeit geachtet und anerkannt, sondern er sah darin auch beruflich einen wesentlichen Schritt vorwärts und gleichzeitig einen gewissen Schutz gegen andere Anfeindungen.

Inzwischen hatten die seit dem Grazer Chorfest laufenden Verhandlungen über eine Nachfolgeschaft Distlers für Professor Kurt Thomas an der Berliner Musikhochschule soweit feste Gestalt angenommen, daß

Distler im Sommer 1940 die offizielle Berufung als Lehrer für Chorleitung, Tonsatz, Komposition und Orgelspiel an die Staatliche akademische Hochschule für Musik in Berlin-Charlottenburg zum 1. Oktober erhielt. Obwohl für Distler, wie er mehrfach äußerte, die Stuttgarter Jahre seine schönsten gewesen sind, wurde ihm doch der Abschied dadurch erleichtert, daß gleichzeitig ein Leitungswechsel an der Stuttgarter Musikhochschule stattfand und der neue Leiter, der als Chorleiter Distlers Amtsvorgänger gewesen war, nun die gesamte Chorarbeit wieder übernehmen wollte. Schmerzlich war freilich die Aufgabe des schönen Domizils in Vaihingen.

Letzte Lebensstation: Berlin

Die Übersiedlung nach Berlin brachte für Distler nicht nur einen beruflichen Aufstieg, sondern auch die Hoffnung auf eine noch intensivere künstlerische Tätigkeit. Die Gewißheit, daß ihn dort Freunde erwarteten, war ihm eine große Beruhigung: Der Referent für Kirchenmusik, Oberkirchenrat Dr. Oskar Söhngen, seine ehemaligen Lehrer Professor Hermann Grabner und Professor Carl Adolf Martienssen standen ihm nahe und waren ihm wohl gesonnen.

Als einer der wenigen „ordentlichen Professoren“ in Berlin eingestuft, begann er seinen Dienst am 1. Oktober 1940. Die Wohnungsfrage löste sich insofern sehr glücklich, als er im Berliner Vorort Strausberg ein sehr geräumiges Landhaus mit großem Garten und schöner Umgebung mieten konnte, das auch die Aufstellung der Hausorgel ermöglichte. Die weite Entfernung vom Berliner Zentrum zwang ihn allerdings bei den kriegsbedingten schlechten Zugverbindungen dazu, sich noch ein Zimmer in der Innenstadt unmittelbar am Bahnhof Charlottenburg zu nehmen.

Distler lebte sich schnell an der Hochschule ein und ging mit Vehemenz der chorischen Arbeit nach. In mehreren öffentlichen Chorkonzerten konnte er durch seine ungewöhnlichen chorleiterischen Fähigkeiten die Aufmerksamkeit der Fachwelt voll auf sich ziehen. Außerordentlich plastisch umreißt Fred Hamel in der „Deutschen Allgemeinen Zeitung“ vom 1. März 1941 die Faszinationskraft des Chorleiters Distler mit der Berliner Hochschulkantorei: *Er präsentiert den Chor nicht nur gesangstechnisch auf einer vorzüglichen Höhe, er hat ihm nicht nur das Gepräge seiner Persönlichkeit verliehen, er hält ihn auch eisern in der Hand und führt ihn zu*

Leistungen, die sich nicht nach gewöhnlichem Maß messen lassen. Dieser junge Professor hat geradezu den Teufel im Leib: nervig und temperamentgeladen bis in die letzte Faser, dabei ebenso diszipliniert und souverän. Ohne Stock dirigierend, scheint er mit jedem Arm eine Stimme, eine Stimmgruppe zu umfassen. Er führt sie miteinander, gegeneinander, wie es sich fügt, und jede Stimme lebt, unabhängig von den anderen, nach ihrem eigenen melodischen und rhythmischen Gesetz. Bald treibt er den Chor in ein blitzschnelles, leichtes, federndes Parlando, bald staut er ihn auf einem Klang, bald läßt er ihn in weitgeschwungener Kantilene verströmen. Es ist ein virtuoses Schalten mit dem Vokalkörper, und dennoch fern von allem Effekthaften, geleitet von einem untrüglichen Sinn für die Echtheit des Ausdrucks, beherrscht von einem umfassenden Gestaltungsvermögen. Und vor allem: hier lebt in der Präzision der Aussprache, in der schwebenden (doch nicht verzärtelten!) Leichtigkeit des Klanges, ein chorischer Kammerstil von beglückender Reinheit und vollendeter Kultur.

Es ist bezeichnend für Distler, daß er trotz seiner erstaunlichen Erfolge auf dem Gebiet der Chorarbeit mit sich selbst und seinem Können noch nicht zufrieden war. Obwohl er sich auf dem Sektor der chorischen Stimmbildung im eifrigen Selbststudium mit der einschlägigen Literatur hinreichend befaßt hatte, nahm er von Oktober 1940 ab regelmäßig Stimmbildungsunterricht bei seinem alten Freund Paul Gümmer, um so in eigener gesanglicher Erfahrung alle sich bietenden Probleme und Möglichkeiten kennen- und bewältigen zu lernen.

Neben der Hochschulkantorei wurde ihm bald auch der große Hochschulchor anvertraut, mit dem er als erstes die Bachsche Johannes-Passion einstudierte und aufführte. Distler verausgabte sich als Interpret stets so sehr, daß er nach Chor- oder Orgelkonzerten total erschöpft war. Seine ungewöhnliche Erlebnisfähigkeit ermöglichte es ihm, sich unmittelbar mit dem Inhalt eines jeden Werkes zu identifizieren. In der Wiedergabe der Bachschen Johannes-Passion schien es *als ob er das Leiden und Sterben unseres Heiland selbst hätte erdulden müssen, so vollkommen überwältigt hatte ihn die Wiedergabe dieses Werkes.* (Meta Radig, Ansprache zum 10. Todestag von Hugo Distler am 4. November 1952)

Hugo Distler war ein Mensch von hohem Verantwortungsbewußtsein, weshalb er jeder einmal begonnenen Tätigkeit mit ganzer Kraft nachging. So erfüllte er auch seine pädagogischen Aufgaben mit größter Sorgfalt und Gewissenhaftigkeit. Er vermochte sich mit rührender Geduld auf seine Schüler einzustellen und unterrichtete streng systematisch. Mit besonderer Hingabe widmete er sich dem musiktheoretischen Unterricht, den er als wichtige Grundlage für alle musikalischen Studien ansah. Er unterrichtete auf der Basis der Grabnerschen Funktionstheorie, die damals noch relativ unbekannt war. Seine „Funktionelle Harmonielehre" stellt einen konzentrierten Lehrgang der Harmonielehre als Vorstufe zum Kontrapunkt dar. Wichtig war für Distler immer, daß auch in der Musiktheorie möglichst viele Freiräume für das eigene, selbstverantwortliche Nachdenken des Schülers eingeräumt wurden, um das *Mitschaffen des allzeit tätigen schöpferischen Klangbewußtseins* (Vorwort) gebührend berücksichtigen zu können.

Waren die musiktheoretischen Grundlagen gefestigt, konnte der Einstieg in die Kompositionslehre beginnen. Hier hielt er sich lange bei der Erfindung einstimmiger Melodien auf, weil ihm die Entwicklung eines echten Melodiegefühls sehr wichtig war. Die nächste Stufe stellten dann Liedsätze, Bicinien, Orgelvorspiele, Fughetten und Variationen dar, den Höhepunkt bildeten schließlich vierstimmige Motetten und Geistliche Konzerte. Jan Bender und Siegfried Reda, wohl die beiden namhaftesten Kompositionsschüler Distlers, betonen übereinstimmend, daß sie bei Distler nicht nur ein nach allen Seiten hin gefestigtes „Handwerk" erlernt hätten, sondern darüber hinaus eine neue Klang- und Deklamationswelt kennenlernten, die für ihr weiteres Schaffen bestimmend werden sollte.

Mit Orgelunterricht begann er grundsätzlich erst dann, wenn vom Klavierspiel her ein guter Grundstein gelegt war. Sein Orgelunterricht zielte überwiegend auf die Spielpraxis ab. Er gab nur wenige, aber sehr konzentrierte Erklärungen, doch wurde stets eine genaue Analyse der Phrasierung vorgenommen und die Registrierung besprochen. Meist spielte Distler dann das zu erarbeitende Stück mit solcher Lebhaftigkeit und eigener Begeisterung vor, daß der Schüler von dieser musikantischen Wiedergabe ganz erfüllt war. Er ließ überwiegend Orgelwerke von Bach, Buxtehude, Pachelbel, Bruhns, Böhm, Sweelinck, Frescobaldi und Scheidt spielen; von den Zeitgenossen bevorzugte er Kaminski. Distler war aber auch außerhalb des Unterrichts für seine Schüler da. Gern führte er in ungezwungener Weise kleine Festlichkeiten mit seinen Schülern in seiner Wohnung durch, für die er liebevoll Tischkarten selbst verfertigte und durch humorvolle Rezitationen für fröhliche Auflockerung sorgte.

Kompositorisch wandte er sich nach einer aus theaterinternen Gründen nicht zur Aufführung gelangten Bühnenmusik zu Ludwig Tiecks „Ritter Blaubart" nun wieder geistlichen Stoffen zu. Er griff die Idee seiner bereits in der Stuttgarter Zeit begonnenen A-cappella-Passion wieder auf, vollendete die beiden Rahmenchöre „Fürwahr, er trug unsere Krankheit“ und „Das ist je gewißlich wahr“, die er später in seine „Geistliche Chormusik“ übernahm. Er brach jedoch die Weiterführung seiner Johannes-Passion ab, da ihm von höchster Instanz der vertrauliche Rat gegeben wurde, zur Zeit nicht gerade eine größere geistliche Komposition zu schreiben, weil dies dem Vorhaben, ihn mit der Leitung des Staats- und Domchores zu betrauen, schaden könne.

Das entsetzliche Kriegsgeschehen und die damit verbundene erschreckende Gottesferne vieler Menschen erschütterte den alles so intensiv erlebenden Distler so stark, daß er beschloß, sich einem eindringlichen Mahn- und Bußruf in Gestalt eines Oratoriums zuzuwenden. Ein halbes Jahr beschäftigte er sich manchmal bis zu zehn Stunden am Tag mit der Textfassung, die auf Bildern der Antike und der Renaissance fußt und die Versöhnung zwischen Mensch und Gott sowie der Menschen untereinander zum Inhalt hat. Hermann Grabner bestätigte (in einem Brief vom 21. Februar 1942) dieser Dichtung Distlers in ihrer *ganzen ethischen Haltung und sprachlichen Gestaltung geradezu hölderlinsche Züge*, doch riet er ihm auch, die enorme Stoffülle für eine eventuelle Vertonung zunächst in eine musikalisch tragbare Form zu bringen. Distler sah der musikalischen Gestaltung dieses ihn ganz erfüllenden Textes mit Zuversicht entgegen: *Möchte Gott es mir vergönnen, diesen tiefen Gedanken in meiner Musik Ausdruck zu geben ... Ich habe Zutrauen, daß ich mich dem Gegenstand gewachsen fühle!* (Brief an Ingvar Sahlin vom 13. Dezember 1941), doch zerbrach er an der durch viele Widernisse bedingten Unausführbarkeit seines kompositorischen Wollens.

Obwohl Distlers Kräfte durch seine Hochschultätigkeit schon weit überansprucht waren, übernahm er zu all seinen anderen Aufgaben ab 1. April 1942 als Nachfolger von Professor Alfred Sittard das Amt des Direktors des Berliner Staats- und Domchores, das er schon immer als das höchste Ziel seines Lebens angesehen hatte. Von ihm versprach er sich nun wieder die Möglichkeit kirchenmusikalischen Wirkens. Distler, der grundsätzlich keine Halbheiten kannte, stürzte sich mit glühendem Eifer in seine neuen Aufgaben, die ihm jedoch viel Ärger und Aufregung brachten. Stärkste Behinderungen seitens der Hitler-Jugend, die Deklarierung des Staats- und Domchores als „Propaganda-Instrument“ der Kirche und die Bedrohung seiner persönlichen Freiheit durch den zuständigen Referenten vom Hauptkulturamt der NSDAP ließen in Distler das niederschmetternde Gefühl absoluter Ausweglosigkeit immer stärker werden. Dennoch bereitete er eine Heinrich-Schütz-Feier, eine Chorreise nach Lübeck und Hamburg für 1943 und die Hundertjahrfeier des Staats- und Domchores unter Aufbietung aller Kräfte vor.

Was ihn ganz besonders bedrückte, war die Tatsache, daß er bei der enormen Breite seines beruflichen Wirkens überhaupt nicht mehr zum Komponieren kam. Von seiner wegen der Bombenangriffe in Strausberg verbleibenden Familie vielfach getrennt, vermißte er in der inzwischen von ihm bezogenen „Dienstwohnung" in der Bauhofstraße 7 jegliche Gemütlichkeit. Hinzu kam die ständige Ungewißheit seiner bedrohlich naherückenden Einberufung zum Kriegsdienst und das wachsende Gefühl einer *nicht zu beschreibenden Einsamkeit, von allem und jedem getrennt zu sein*, wie er es 14 Tage vor seinem Tod in unüberwindlicher Schwermut an seine Frau schrieb. Das Leben wurde ihm, der auf seinem ganzen Lebensweg von abgrundtiefer Weltangst und steter innerer Unruhe begleitet war, zu einer nicht mehr zu ertragenden Last. So faßte er in völliger seelischer und körperlicher Erschöpfung den schon mehrfach von ihm geäußerten und seiner Meinung nach für ihn einzig möglichen Entschluß, aus dieser Welt zu scheiden.

Um noch einmal im Kreise seiner Lieben weilen zu können, lud er seine Leipziger Verwandten zum Reformationsfest nach Strausberg ein. Am Abend des Reformationstages nahm er von seiner Hausorgel mit der Bachschen Choralbearbeitung „Allein Gott in der Höh' sei Ehr" Abschied und gestaltete in Anwesenheit seiner Verwandten am nächsten Morgen den Sonntagsgottesdienst im Dom mit seinem Staats- und Domchor und ließ seine Verwandten unter dem Vorwand, noch einiges zu tun zu haben, allein nach Strausberg zurückfahren. Er selbst hatte sich noch vor Beendigung des Gottesdienstes in seine Dienstwohnung zurückgezogen, sich dort in der verdunkelten Küche niedergelegt und den Gashahn geöffnet. Seine Angehörigen fanden ihn in der einen Hand ein Bild seiner Frau mit den Kindern und in der anderen Hand ein schlichtes Messingkreuz umklammernd. Neben ihm lag ein Abschiedsbrief an seine Frau:

1.11.42

Meine liebste, beste Waltraut,

ich habe nur noch eine Bitte in der Welt: daß D u *mir nicht zürnst; wer weiß wie Du, welche Lebensangst in mir gesessen hat, seit ich lebe; alles was ich schaffte, stand unter diesem Zeichen, noch zuletzt mein geplantes Oratorium.*

Laß die Kinder gut von mir denken: es kommt die Zeit, und sie ist nicht fern, wo auch die meinen letzten Schritt verstehen, die es heute nicht tun. Meine lieben, lieben Kinder. Ach, wenn Du wüßtest, was an Schmerzen in mir umgeht.

Betet für mich. Ich sterbe als ein armer sündiger Mensch und hoffe auf die Barmherzigkeit Gottes ...

Ich will im kleinen Kreis zur Ruhe gebracht sein; meiner Mutter, ebenso Deinen Verwandten erst nachträglich Mitteilung geben.

Ich vermache Dir alles, was ich habe und an Einkünften besitze.

Dein

Hugo

Hugo Distler fand seine letzte Ruhestätte auf dem Waldfriedhof in Stahnsdorf. Das später auf seinem Grab errichtete Holzkreuz verweist auf das vielfach von ihm selbst zitierte Bibelwort: *In der Welt habt ihr Angst, aber seid getrost, ich habe die Welt überwunden.* (Johannes 16, Vers 33), das er als Motette verarbeitete und das gleichsam als Leitsatz über seinem Leben und Sterben stand.

Wurde damals der Öffentlichkeit über den Tod Distlers und seine den Staat stark belastenden Hintergründe Stillschweigen anempfohlen, fand Distlers Wirken und kompositorisches Schaffen bald nach Kriegsende wachsende Anerkennung und Verbreitung. 1951/52 wurden Distler posthum der Buxtehudepreis der Stadt Lübeck und der Kulturpreis seiner Heimatstadt Nürnberg verliehen. Die gleichzeitige Einrichtung eines Hugo-Distler-Archivs und die 1989 vorgenommene Stiftung eines „Hugo-Distler-Preises“ seitens des Lions Clubs Lübeck-Hanse in Zusammenarbeit mit der Jakobi-Gemeinde Lübeck sind wichtige Zeugnisse einer weltweiten Distler-Verehrung.

Epilog

Glücklich eine Zeit, die einen Hugo Distler ihr eigen nennen darf!

Zu dieser Erkenntnis kam Dr. Fritz Stege bereits im Jahre 1938, als von Distler fast seine gesamte geistliche Musik und eine beachtliche Anzahl weltlicher Chorlieder vorlagen, die in dem geradezu epochemachenden „Mörike-Chorliederbuch“ gipfelten. Fest verwurzelt in der sich ihm immer mehr öffnenden Klang- und Formenwelt Bachs, Buxtehudes, Schütz' und Lechners, sah Distler sein großes Vorbild in jener unmittelbaren Einheit von Welt und Gott, von Formenstrenge und inhaltlicher Aussage und vor allem in der elementaren Wirkungskraft ihrer kernigen Musiksprache. Schnell fand er seinen Personalstil in der ganz aus dem Sprachrhythmus heraus empfundenen Melodik und Rhythmik und der meisterhaften kontrapunktischen Satztechnik bei dennoch transparenter Klanglichkeit. Der faszinierende Einfallsreichtum, die plastische Bildhaftigkeit und Intensität seines musikalischen Ausdrucks und die zwingende formale Gestaltungskraft sind wesentliche Komponenten seiner unverwechselbaren Tonsprache.

Distler fühlte sich zum Komponieren berufen. Er besaß ein Sendungsbewußtsein, das ihn mit großer Kraft dazu drängte, seiner schöpferischen Aufgabe nachzukommen. Mit größter Willenszucht bemühte er sich, seine vulkanisch-dämonische innere Unruhe und die ihn stets begleitende Lebensangst zu bändigen und sein kompositorisches Wollen in feste künstlerische Formen zu zwingen. Er sah die Sinngebung und Erfüllung seiner Musik im Dienst frommer Verkündigung. Seine überall spürbar eingebrachte Gläubigkeit, die kompositorische Konzentration auf das Wesentliche, das Gotteswort, und die enge Bindung an das Kirchenlied wurden bestimmend für das Heranreifen einer bekenntnishaften neuen Kirchenmusik, die in ihrer zeitlosen Gültigkeit stets erneut kräftige Impulse zu geben vermag.

Hermann Grabner

ERINNERUNGEN AN HUGO DISTLER[1]

Es ist nicht meine Aufgabe, mich in analytischen und ästhetischen Betrachtungen des Lebenswerkes Hugo Distlers zu ergehen. Die Erforschung der Zusammenhänge seines Schaffens mit den geistigen Grundlagen der alten Kirchenmusik, seine liturgischen Bindungen an den Choral und die bei aller Verehrung der alten Meister doch durchaus eigengeprägte und in die Zukunft weisende Struktur seines Stiles möge tiefer schürfenden Spezialarbeiten vorbehalten bleiben.

Die hier niedergelegten Ausführungen gelten den Lehrjahren Distlers, in denen ich eine Zeitlang Begleiter und Wegweiser sein durfte, eine Fügung des Schicksals, für die ich unendlich dankbar bin. Bedeutet es doch für einen Unterrichtenden eine besondere Bereicherung, wenn aus der großen Zahl der durchschnittlich begabten Schüler, bei denen die handwerksmäßige Vermittlung des Tonsatzes einen den Anforderungen entsprechenden mehr oder minder günstigen Erfolg zeitigt, plötzlich ein junges Genie auftaucht, aus dessen künstlerischen Äußerungen die Gewißheit einer bedeutenden, für die Menschheit segensreichen Laufbahn spricht! Diese Gewißheit hatte ich bei Distler vom ersten Augenblick unseres Zusammenarbeitens. So zeigten bereits seine ersten kontrapunktischen Arbeiten, für die übrigens durch sein vorhergehendes Harmonielehrestudium die besten Grundlagen gelegt waren, nicht ein alltägliches mechanisches und mühevolles Durchlaufen der üblichen Aufgaben, sondern jede Übung brachte ein von der Substanz erfülltes und mit faszinierender Leichtigkeit hingelegtes kleines Kunstwerk.

Wenn ich oben von einer „Bereicherung“ sprach, so bestand sie in diesem Falle in erster Linie aus der Art und Weise, wie sich der Geist des jungen schöpferischen Genius' mit müheloser Leichtigkeit die traditionellen Kunstgesetze zu eigen machte und sich mit einer erstaunlichen Kühnheit und Selbstverständlichkeit über dieselben erhob. Die sich dabei ergebenden Auseinandersetzungen wurden so aus der Sphäre nüchterner Polemik in eine höhere Ebene durchgeistigter Helligkeit hineingetragen, die

[1] bisher unveröffentlichtes Manuskript Grabners (1964), dankenswerterweise vom Hugo-Distler-Archiv in Lübeck zur Verfügung gestellt.

für Lehrer wie für Schüler gleich fruchtbringend waren. Wie sind doch dagegen „bequeme" Schüler, die alles korrekt, tüchtig und widerspruchslos ausführen, langweilig und uninteressant (– nicht weniger langweilig und uninteressant freilich auch „bequeme" Lehrer, die keinen Widerspruch dulden und bedingungslose Unterwerfung fordern)! Es liegt ja nun freilich im Wesen der Kompositionslehre, daß sich solche Diskussionen im f r e i e n Schaffen mit ganz besonderer Folgerichtigkeit ergeben, und ich erinnere mich, daß Distlers Abschlußarbeit seiner Lehrjahre, sozusagen sein „Gesellenstück", die nachmals veröffentlichte „Konzertante Sonate für zwei Klaviere", während ihrer Entstehung ganz besonders ergiebige Diskussionsresultate mit sich brachte. Deshalb ist mir dieses Werk ganz besonders lieb geworden, es stellt schon einen ganz vollkommenen Distler dar mit der ihm eigentümlichen, voll ausgeprägten und an der impressionistischen Klangwelt erstarkten, von jugendlichem Elan erfüllten Freude des absoluten Musizierens im Sinne des barocken Gemeinschaftsgedankens. Distlers schon damals in vielen Gesprächen und Briefen zum Ausdruck gekommene Überzeugtheit von der Recreation der neuen Musik aus dem Geiste des barocken Musizierens drückte auch seiner ganzen Lebenshaltung einen durchaus eigenpersönlichen Stempel auf. Sie bestimmte auch seine berufliche Stellung als Organist in Lübeck, der Stadt Buxtehudes, sie bestimmte seine Tätigkeit als Hochschullehrer in Stuttgart, schließlich als Leiter der Kantorei an der Berliner Hochschule und des Domchores, die er mit dem ihm eigenen lodernden Fanatismus und der ganzen Hingabe seiner Persönlichkeit erfüllte. Aus ihr resultierte schließlich die schwärmerische Liebe zu den alten Orgeln, durch die die ganze Strenge und Herbheit seiner Orgelwerke erst verständlich wird und in der er sich mit dem klanglichen Ideal dieser herrlichen Instrumente so einig sieht, daß er z.B. für notwendig hält, dem kalligraphisch geschriebenen Manuskript seiner mir gewidmeten Orgelpartita „Nun komm, der Heiden Heiland" die Abbildung und ausführliche Disposition seiner Jakobi-Kirchenorgel hinzuzufügen. Auch in der Art und Weise, wie er noch später oft gern und mit einer fast kindhaften Schüchternheit und Demut den Rat seines einstigen Lehrers in den verschiedensten Lebensfragen in Anspruch nimmt, spricht immer wieder jener unbedingte Glaube an die Bestimmung seines künstlerischen Wirkens als einem Dienst am Göttlichen, als Offenbarung, spricht die Überzeugtheit, daß wir zu dessen Ausübung nichts so nötig haben, als (im Sinne Goethes) „große Gedanken und ein reines Herz" von der Gottheit zu erbitten; und das könnte nicht schöner zum Ausdruck kommen, als wenn Distler in einem im Dezember 1937 an mich gerichteten Briefe schreibt: *So lange ich noch schreiben darf, wie mirs ums Herz ist, ist es gut; und im übrigen darf ich noch immer sagen, daß Gott mich in keiner entscheidenden Minute meines Lebens im Stich gelassen hat. Er wird es auch weiterhin nicht.*

Abb. 1:
Hugo Distler (sitzend) im Alter von etwa 6 Jahren
mit einem Freund in Nürnberg,
Foto privat

Abb. 2:
Hugo Distler am eigenen Cembalo in Lübeck ca. 1931/32,
Foto privat

Abb. 3:
Hugo Distler in Lübeck 1934
Foto Waßner

Abb. 4:
Hugo Distler auf der Singewoche in Guben 1934,
Foto privat

Abb. 5:
Hugo Distler mit seiner Frau Waltraut 1935,
Foto privat

Abb. 6:
Hugo Distler auf der Singewoche in Ratzeburg 1938,
Foto privat

Abb. 7:
Hugo Distler in Mülheim 1941
Foto privat

Abb. 8:
Hugo Distler mit Tochter Brigitte 1941
Foto privat

Abb. 9:
Hugo Distler im Kreis seiner Familie in Strausberg 1942
Foto privat

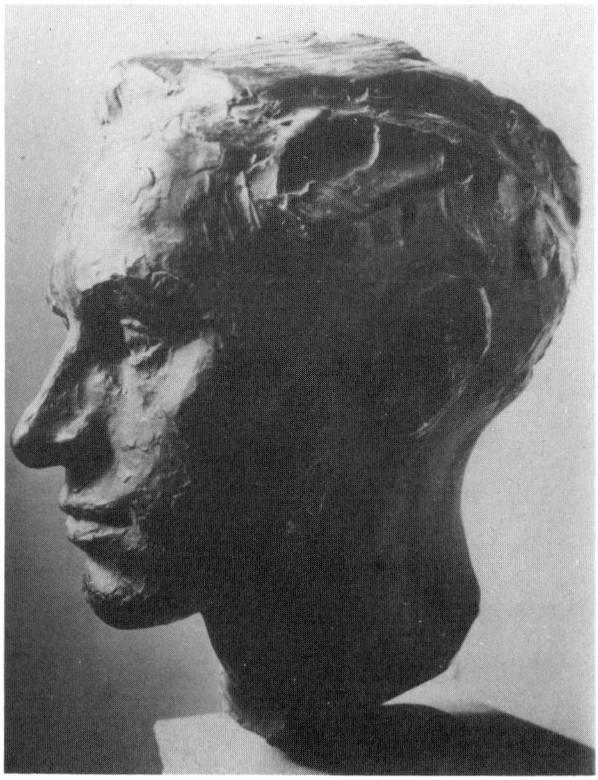

Abb. 10:
Bronzebüste Hugo Distlers von Ottilie Schäfer
(Distler-Archiv Lübeck), Foto privat

Abb. 11:
Notenschrift Hugo Distlers „Wäre dieser nicht ein Übeltäter“,
Entwurf zu einem Turbachor aus der Johannespassion
(Distler-Archiv Lübeck)

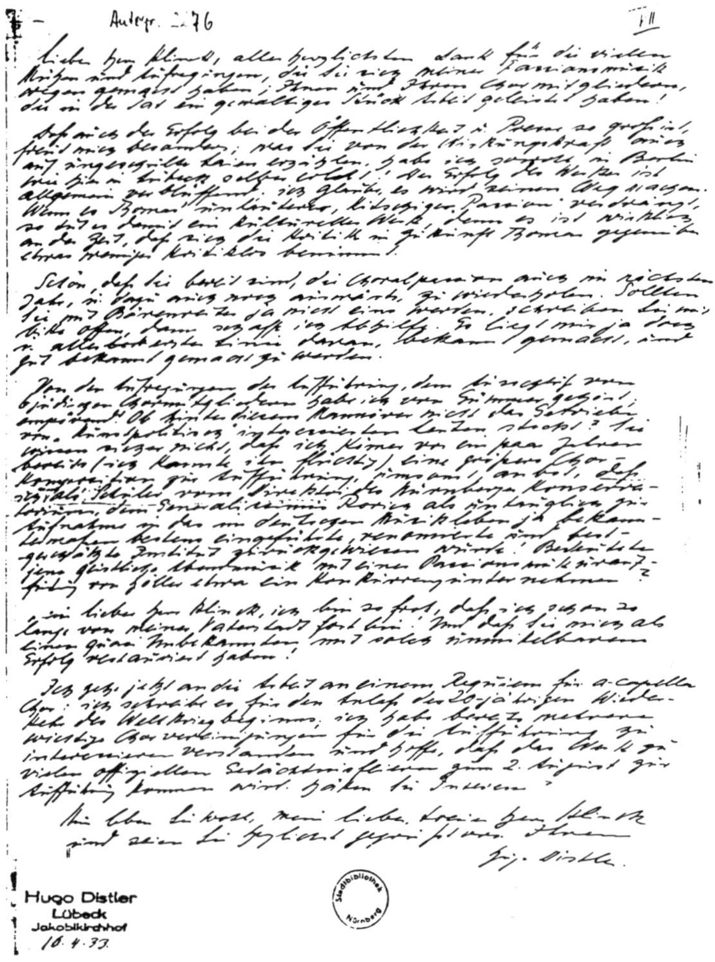
Autogr. 2276

Lieber Herr Klink, allerherzlichsten Dank für die vielen Mühen und Aufregungen, die Sie sich meiner Passionsmusik wegen gemacht haben; Ihnen und Ihren Chormitgliedern, die in der Tat ein gewaltiges Stück Arbeit geleistet haben!

Hugo Distler
Lübeck
Jakobikirchhof
16.4.33.

Abb. 12:
Handschrift Hugo Distlers in einem Brief an Waldemar Klink
vom 16. April 1933

Hugo Distler

VOM GEISTE DER NEUEN EVANGELISCHEN KIRCHENMUSIK[1]

„Das Letzte der Persönlichkeit ist immer ein Glauben, aus ihm fließt jede ihrer Äußerungen."
(P. Ernst „Ein Credo")

Man muß schon vom Amt der deutschen evangelischen Kirche in unserer Zeit ausgehen, um vom Anliegen der jungen Kirchenmusik reden zu können.

Sowohl die Meinung ist unzutreffend, daß heute noch immer Kirchenmusik geschaffen, dargestellt, „genossen" werden könne gewissermaßen als Selbstzweck, unabhängig vom kirchlichen Raum und ohne die u.E. notwendige kultische Bezogenheit, als auch der Glaube derer, die da meinen, die Kirchenmusik habe aus eigner Vollkommenheit Macht, oder gar Auftrag, die von ihr ergriffenen Hörer an der Botschaft und Vollmacht der Kirche teilhaben zu lassen, ja auch nur zu frommer Andacht rühren zu können. Es muß einmal gesagt werden: beides vermag die Musik nicht aus eigenem Vermögen. Zunächst einmal erschöpft sich die Forderung an die zeitgenössische Kirchenmusik nicht in der Erweckung selbstgenügsamer frommer, „religiöser" Gefühle und Stimmungen, sondern die Kirchenmusik hat heute mehr denn je zuvor in allererster Linie Verkündung zu sein, im echten Sinn „Evangelium", Heilsbotschaft von Leben und Tod und Auferstehung unseres Herrn Jesu Christi, unter dessen Zeichen auch heute noch große deutsche Geschichte sich entscheidet. Und zweitens: die Kirchenmusik ist nicht einmal fähig, auch nur demütig-dienende Verkünderin zu sein, ohne sich restlos der gottesdienstlichen Handlung unterzuordnen. Und siehe da: eben aus diesem Bewußtsein von ihrer Knechtsgestalt erst gewinnt sie allgemach wieder ihre verlorengegangene Kraft und Würde und Herrlichkeit, wie sie aus der heiligen Musik längst vergangener Zeiten noch heute zu uns spricht. Die Kirche demnach ist es, die ihrerseits ihre Forderungen an die Kirchenmusik zu stellen hat. Die Forderungen sind im

[1] Aus: Zeitschrift für Musik, Jg. 102 (1935), Heft 12, S. 1325–1329

Grunde immer die gleichen gewesen und sind es noch heute und entsprechen durchaus den beiden Grundelementen des lutherischen Gottesdienstes: Verkündung und Anbetung.

Es gab Zeitalter, da in Kirche und Kirchenmusik das eine oder das andere der beiden Elemente überwog (Zeitalter des Pietismus, die Kirche der Brüdergemeinden, die Restaurationsbestrebungen unter König Friedrich Wilhelm III. von Preußen). Und es gab sogar Zeiten, da die Kirche ganz erstarrte und zerfiel, sodaß die beiden Träger des evangelischen Gottesdienstes außerhalb der zentralen Mitte zu stehen kamen oder ganz verschwanden oder in ihr Zerrbild verwandelt wurden: aus dem Auftrag demütiger Verkündung ward so puritanisch-lehrhafte Orthodoxie, aus der frommen Anbetung sentimentalischer Gefühls- und Stimmungsüberschwang. Bezeichnenderweise gehen beide Verfallserscheinungen oft nebeneinander her.

Es ist viel geschrieben worden über diesen Geist des Niedergangs, der auch die Kirchenmusik in verheerender Weise gezeichnet hat. Uns Jungen liegt nicht an der bloßen Konstatierung der (überwundenen) Schwäche, sondern an der entscheidenden Frage, ob, wie, in welcher Gestalt und in welchem Ausmaß die Kirche Martin Luthers in unserer Zeit noch Ereignis zu werden vermag. Und mit ihr die Kirchenmusik.

Es ist gar nicht mehr wegzuleugnen, daß in unsern Tagen unsere evangelische Kirchenmusik einen ganz großen Aufschwung von historischer Tragweite erlebt. Ein Zeichen: Es sind nicht mehr Einzelgänger, die sich der Kirchenmusik mit dem ganzen Einsatz ihrer Persönlichkeit zuwenden, sondern bereits ganze Gruppen und Schulen, die sich um die Zentren kirchlichen Lebens oder zumindest kirchlicher Tradition (z.B. Leipzig, Dresden, Lübeck) kristallisieren. Es ist der Geist der mittelalterlichen „Bauhütte", der heute in diesen neuen Werkgruppen aufersteht. Vielleicht lag es bislang an der nun einmal übernommenen Gepflogenheit, Sakralmusik herausgelöst aus ihrer kultischen Bezogenheit zu hören, zu „genießen", wie man profane Musik zu „genießen" pflegt, wenn man nur erst einmal mit einiger Verwunderung den offenbaren Aufstieg der Kirchenmusik konstatierte, ohne die geheimen Triebkräfte zu erkennen, die diese Entwicklung herbeiführten und zur Auslösung brachten. In Wahrheit war es die aus Ohnmacht und Unnatur sich wieder auf ihre Bestimmung besinnende und wieder aufrichtende Kirche selber, die in solchen Zeichen und „Wundern" sich neu zu offenbaren begann. Man muß freilich den ganzen gewaltigen Kampf und Aufbruch in der Kirche in den letztvergangenen Jahren und Jahrzehnten wenn nicht mehr selber miterlebt, so doch in seiner Größe erkannt haben, um den wahren Zusammenhang zu sehen.

Wir Kirchenmusiker sollten es uns immer und immer beglückt und beschämt zugleich wiederholen – wann seit Generationen hätten wir's sagen können: Es ist die Kirche, die ihre Forderungen an uns, die wir dazu berufen, stellt. Hohe, höchste Forderungen! Daß es sich heute um Sein oder Nichtsein der Kirche handelt in dem Kampf unserer Zeit, spüren wir alle; doch sollten wir mehr verspüren: etwas von der fröhlichen Getrostheit, der die deutsche Kirche Martin Luthers ihre Existenz aus tiefer Schmach und Erniedrigung einst verdankte.

Verkündung und Anbetung, beide Grundpfeiler des evangelischen Gottesdienstes treten heute wieder an ihren altehrwürdigen, berechtigten Platz, und mit dem Sieg dieser beiden beherrschenden Elemente jeglichen gottesdienstlichen Lebens erstehen uns Kirchenmusikern klar umrissene Aufgaben.

Wir erkennen in der Tat bereits deutlich mehrere Erscheinungsformen der neuen evangelischen Kirchenmusik im Schaffen der letzten Jahre. Auf der einen Seite eine hierarchisch-strenge, an altniederländische Musik gemahnende Bearbeitungspraxis des Ordinariums. Die Persönlichkeit des Komponisten tritt dabei in einem Maße zurück, daß die Musik Züge einer geradezu kanonischen Strenge und zugleich asketischen Starre gewinnt. Ich darf in diesem Zusammenhang das Werk eines E. Pepping nennen, und vorzüglich dessen „kanonischen" Choräle, deren Formprinzip hier geradezu symbolhafte Bedeutung erhält. Die deutsche (und lateinische) Messe tritt wieder in den Vordergrund des Interesses. Thomas als erster, Spitta, Pepping, Distler, nunmehr Fortner u.a. schreiben Singmessen. Wir erkennen hier deutlich, woraus eine derart ausgerichtete Musik Inhalt und Form gewinnt: aus dem Amt der Verkündung; eine priesterliche, hohe Kunst, der es um anderes und mehr geht denn um Äußerung dessen, das in unserer eigenen Brust vorgeht; es ist das gerade Gegenteil von jener klassisch-naiven Kunstanschauung, der gemäß, um mit Goethe zu sprechen, ein Gott mir gab, zu sagen, was ich leide, was mich bewegt, mich jauchzen macht, mich betrübt.

Es wäre nun falsch, diese Seite der zeitgenössischen Kirchenmusik als die einzig wesenhafte zu bezeichnen. Oft, auch heute noch, wurden und werden noch heftige Angriffe gegen sie erhoben in der Richtung, als verleugne sie die Persönlichkeit. Darauf wäre zu antworten, daß diese Gefahr zunächst einmal in der Tat vorhanden war und noch immer ist, und zwar bei der großen Anzahl derer, die zwar die äußeren Zeichen der jüngsten Entwicklung gesehen und erkannt haben, nicht aber eben jene innere Berufung in sich verspüren, aus der heraus eine neue gewandelte Gesinnung einzig erwächst; die Zahl solcher Mitläufer nun ist zu allen Zeiten beträchtlich gewesen, jedenfalls größer als die der Berufenen. Ferner: vergessen wir doch auch nicht, daß wir an einem Anfang der Entwicklung stehen, daß wir nicht wie unsere Väter und Vorväter ein gewachsenes reiches Erbe von unseren Eltern zu übernehmen in der glücklichen Lage sind, sondern daß wir in unserer Not uns berufen müssen auf eine uns in vielem (wenn auch nicht in allem) verwandte Musikgesinnung eines Zeitalters, das an die dreißig und mehr Generationen hinter uns liegt! Aber wesentlich ist eben, daß wir uns als die Neubegründer einer neuen Kirchenmusik fühlen. Und diese Getrostheit ist eben wieder das Typisch-Evangelische, von einem bekenntnisfrohen, starken Pfingstgeist erfüllt und getragen: „Komm, heiliger Geist, erfüll die Herzen deiner Gläubigen!..."

Dennoch haben die Unrecht, die da meinen, dieser unserer Musikgesinnung gebreche es an der nötigen Kraft, oder Fähigkeit, oder dem Willen, auch das zu sagen, was uns bewegt, schmerzt, erfreut, begeistert. Nein. Es geschieht nur unter einer anderen Voraussetzung, als es bislang geschehen. Ich bin mir nun sehr deutlich bewußt, daß es gefährlich erscheint, in diesem Zusammenhang ein Wort zu gebrauchen, das auf jeden Fall nur mit allergrößter Behutsamkeit, ja Ehrfurcht in den Mund genommen werden sollte: ich kennzeichne unsere junge Musik, im besonderen die Kirchenmusik, als maßgebend bestimmt durch ein neues Gemeinschaftserleben. Diese neue Musik versteht allerdings unter „Gemeinschaftserlebnis" nicht jene einmal sehr „moderne", „zeitgemäße" Gesinnung, die von „Gemeinschaftsmusik" und „Gebrauchsmusik" sprach und damit eben nur eine große Verwechselung beging (bewußt oder unbewußt): sie sprach von „Gemeinschaft", wo sie den Instinkt der Masse witterte, und von „Gebrauchsmusik", wo sie an geistige Kollektivierung dachte. – Aber ebenso wenig liegt uns daran, indem wir von „Gemeinschaftserleben" sprechen, ein u.E. durchaus ungehöriges „Zugeständnis" an den Geist der Zeit machen zu müssen. Wir Jungen dürfen das eine Positive von unserer Gesinnung sagen: die jüngste deutsche Komponistengeneration, namentlich, soweit sie aus kirchlicher Tradition schöpft, verwirklicht das, was unsere Zeit will, in höchstem Maße, indem sie wahrhaft saugt an den Urquellen völkischer Kraft. Kein Zweig unseres geistigen Lebens, vor allem der Kunst, hat mit derartiger Entschiedenheit den Trennungsstrich zu dem unmittelbar hinter uns Liegenden gezogen, hat sich mit einer derartigen Besessenheit über Jahrhunderte hinweg in fruchtbare Beziehung gesetzt zu einer Epoche deutschen Geisteslebens und vor allem deutscher Musik, deren Gesinnung in jeder Hinsicht und in edelstem Sinn „volkstümlich“, „bodenständig“ war. Und wir hatten und haben keinerlei „Programm“, uns leitete und leitet auch weiterhin ein höherer Wille, dem wir gehorchen. Damit mich niemand falsch verstehe: wenn ich oben von einer ungehörigen „Zugeständnisbereitschaft“ sprach, so wende ich mich damit an die, die da meinen, es genüge, eine (obendrein vielfach künstlich angeglichene, gleichgeschaltete) „künstlerische“ Gesinnung allein im Gegenständlichen zu dokumentieren. Mit anderen, deutlichen Worten: wer von uns Jungen hätte nicht die Größe der vaterländischen Ereignisse in den vergangenen Jahren miterlebt! Glücklich die wenigen, denen es gelang, dieses Erleben von einzigartiger geschichtlicher Größe in ihr Werk zu bannen! Aber – eine innerliche, organische Veränderung hätte das denkwürdige Jahr 33 für unser keinen bedeuten dürfen!

Wir Jungen schreiben durchaus aus dem erhebenden Gefühl heraus, Sprecher, oder noch besser: Sänger einer neuen uns zu höchst verpflichtenden Gemeinschaft zu sein. Nur konstatieren wir einen grundsätzlichen Unterschied gegenüber einer früheren Generation: wir „singen“ aus einer Mitte heraus, wir singen weder für eine Gemeinschaft von Menschen, noch etwa als deren Wortführer, noch liegt uns daran, das Interesse unserer Mitmenschen zu beanspruchen für Dinge, die nur uns selber angehen. Vielleicht ist es bloße Bescheidenheit, vielleicht auch die Illusionslosigkeit der Jugend von heute, die sie davor bewahrt, anstelle der Darstellung des Typischen die Schilderung des Individuellen zum Gegenstand ihrer Kunst zu erheben. Es ist gewiß kein Zufall, daß die junge deutsche Musik, und voran die Kirchenmusik, in erster Linie Chormusik, und zwar A-cappella-Musik ist. Die Chormusikpflege beseitigte von selber jene unheilvolle Schranke, die im Verlauf des vorigen Jahrhunderts sich zwischen Musizierenden und Hörern aufgetan hatte: Die Musizierenden waren ausschließlich Berufsmusiker, die Hörer Laien, noch weniger: „Publikum“ - ein Begriff, so uniform und antlitzlos wie das, was er vorzustellen hatte!

Es ist noch ein Wort zu sagen über die Art dieses neuen chorischen Gemeinschaftserlebnisses. Es knüpft wieder an an eine Musikauffassung, die ehedem - noch etwa bis in die Bachzeit - gültig war: Diese archaische Vorstellung von Amt und Auftrag der „heiligen“ Musik war aus ihrem Wesen heraus religiös; d.h.: die Musik entsprang einst, wie die gesamten hohen Künste und Wissenschaften, der menschlichen Sehnsucht, sich in ihr aus der Hinfälligkeit der Kreatur zu einer höheren und zugleich tieferen makrokosmischen Logik zu erheben und zugleich damit das Wissen des Menschen um das Walten einer geheimnisvollen Weltordnung, und nicht nur das Wissen an sich, sondern darüber hinaus das stolze und freudige Bewußtsein, eben in der Kunst dieser göttlichen Schöpferkraft teilhaftig zu sein, zu dokumentieren. Diese ehrwürdige und großartige Auffassung von der Würde der Kunst und der Musik im besonderen erklärt ihr Wesen: sie war Lobpreis, und zwar Lobpreis von geradezu pantheistischer, hinreißender Allgewalt. Man singe nur einmal selber im Chore etwa das Schütz'sche „Die Himmel erzählen die Ehre Gottes“ - da gewinnen Baum und Strauch und alle Kreatur, das ganze Universum eine Sprache. Und diese Sprache ist gar nicht anders denkbar denn als vielstimmiger Chorus. Von diesem Wehen des Geistes verspüren wir heute wieder etwas. Und mehr noch - es ist durchaus der Geist einer durch Martin Luther geprägten schlechthin deutschen Frömmigkeit, der heute wieder aufsteht: der Geist des Lutherliedes, das im 16. Jahrhundert in einem Maße, wie es keine weltliche Gewalt vermocht hätte, das Volk zu einem selbstbewußten Ganzen zusammenzuschweißen begann, erwacht zu neuem starken Leben. So ward einst und wird wieder Volk und Kirche die geheime Mitte, der Mutterschoß, aus dem die Musik neu geboren wird.

Lobpreis, Anbetung - damit ist die andere Seite der jungen deutschen Kirchenmusik gekennzeichnet. Einer ausschließlich kultischen Zwecken dienenden, „kanonischen“ Musik steht gegenüber eine neue deutsche Chormusik, die in der verherrlichenden Deutung des Gottesworts ihr innerstes Wesen erkennt. Da gewinnt das Wort eine neue und höhere Leibhaftigkeit, da wird der Wortgestaltung und -bändigung mit einer Besessenheit nachgegangen, daß es wieder etwas zurückgewinnt von der Bildhaftigkeit, dem Gleichnishaften mittelalterlicher Tafelmalerei. Es sprengt nicht den Rahmen unserer Betrachtungen, sondern trägt im Gegenteil nur zur Vertiefung des Problems bei, wenn ich hier von dem letzten großen Werk Paul Hindemiths kurz spreche: von seiner neuen Oper „Mathis der Maler". Die Fabel dreht sich um Grünewalds Isenheimer Altar. In wahren Bildern von einer unerhörten Eindrucksgewalt, kongenial den Gesichten jenes Malers, werden die einzelnen Szenen – das „Konzert der Engel", die „Grablegung", die „Versuchung des Heiligen Antonius" – beschworen.

Es gehört mit zur Rundung des Bildes, wenn ich zuletzt von einem Wesenszug der jungen deutschen Musik spreche, der zunächst, auf den ersten Blick hin, irgendwie in Gegensatz zu stehen scheint mit ihrem stark oratorischen Gepräge. Es geht ganz zweifellos ein mystisch-meditativer Zug durch unsere junge Musik. Die Entwicklung darauf zu ist völlig eindeutig, vielleicht ist diese Erscheinung am leichtesten zu deuten durch einen Vergleich: denken wir an die Spruchdichtung im „Cherubinischen Wandermann" des Angelus Silesius. Da sind Gott und Welt völlig eingegangen in das eigene Ich; es grenzt ans Wunderbare, in welchem Maße es dem Dichter gelungen ist, in kurzen Sprüchen, Zweizeilern, Gottesoffenbarung und weltweite Schau zu einem Erlebnis sublimster Eigenart zu bannen. Es ist nun wieder kein Zufall, daß gegenwärtig die Musik immer wieder gerade auf diese Spruchweisheit des Angelus Silesius zurückgreift. Ohne im übrigen näher darauf einzugehen, möchte ich hier wiederum aus der Fülle nur ein Werk anführen, in dem deutsche Mystik wieder Ereignis ward: Hermann Simons „Cruzifixus". Es ist für mich selber immer wieder von neuem ein Erlebnis, feststellen zu können, wie gerade aus dem Geist der neuen Chormusik ein ganz neuer persönlicher Stil sich zu gestalten beginnt, der einerseits nichts gemein hat mit jener geradezu geschwätzigen, aufdringlichen Selbstgefälligkeit, die die Musik des ausgehenden 19. und des beginnenden 20. Jahrhunderts oft kennzeichnet, auf der anderen Seite jedoch eben ungemein differenziert und innerlich erregt ist. Oberflächliche Beobachtung glaubte darin bereits einen Restaurationsprozeß, den Sieg des „ancien régime" zu erblicken. Schon hört man warnende Stimmen, die von „Neuimpressionismus", „Neuromantik" usw. sprechen. Diesen Propheten ist folgendes zu sagen: Sie sind in Wahrheit von dem Geiste erfüllt, dem sie jüngst angesichts der veränderten Situation und unter dem Druck der Ereignisse abgeschworen und vor dessen Auferstehung wir nichts zu füchten haben! Ein Zug ekstatischer Entrücktheit geht in der Tat durch alle Hochzeiten deutscher Musikkultur. Er spricht aus Leonh. Lechners „Sprüchen von

Leben und Tod" ebenso ergreifend wie etwa aus einem Werk wie Schützens „Selig sind die Toten", oder aus dem „Cruzifixus" der Bachschen h Moll-Messe, oder aus dem Chorfinale der Beethovenschen „Neunten" („... Ihr stürzt nieder, Millionen? Ahnest du den Schöpfer, Welt? Such ihn über'm Sternenzelt!"), und wieder etwa aus den langsamen Sätzen der Sinfonien Anton Bruckners. Allerdings – die Bezeichnung „Neuimpressionismus" ist dann gar nicht so falsch, wenn man den „Eindruck" richtig deutet: die *Außen*welt, die ganze Welt *außer* mir, nicht die *äußere* Welt ist es, die in mir ruht und, besitze ich die Kraft der Beschwörung, in mir zu einem magischen Bild ersteht. *Das* ist das Wesen dieser neuen Mystik, die umso insichgekehrter erscheint, je weltumfassender sie ist.

Wolfgang Thein

FUNKTION, DEUTUNG, VERKÜNDIGUNG

Zu Hugo Distlers Orgel- und geistlichen Chorkompositionen

Verzicht auf äußere Monumentalität im Sinne riesiger Klangballung ebenso wie auf überreizte Differenziertheit im Einzelnen – diese auf die Darbietung Bachscher Orgelwerke gemünzten Worte Distlers[1] umreißen zugleich treffend wesentliche Charakteristika seines eigenen kompositorischen Schaffens. Aus der selbstgewonnenen Erfahrung an historischen Orgeln abgeleitet und Grundsätze der Orgelbewegung aussprechend, wenden sie sich zunächst gegen eine überladene und verzeichnende Interpretation der Orgelwerke Bachs auf Orgeln, die dem Orchesterideal des 19. Jahrhunderts angepaßt worden waren. Sie beinhalten unausgesprochen aber ebensosehr die Ablehnung der aus dem Geist dieser Instrumente entstandenen Kompositionen (etwa Max Regers); im weiteren Sinn kommt in ihnen auch die grundsätzliche Abkehr von der als überreizt, sentimental und äußerlich-profan empfundenen geistlichen Musik des 19. und beginnenden 20. Jahrhunderts zum Ausdruck. Nicht nur bei der Interpretation überkommener Musik geht es um die *Sichtbarmachung des Strukturellen, d.h. des Nurwesenhaften der Kunst*, Distler sah hierin nicht weniger als die Grundvoraussetzung für die Entwicklung einer *neue(n) Sakralkunst.*[2] Vorbild und Bestätigung für das eigene Bestreben fand Distler (und andere mit ihm) in der *altdeutschen Kunst,*[3] d.h. insbesondere bei vorbachischen Meistern wie etwa Samuel Scheidt für die instrumentale und Heinrich Schütz für die vokale Musik. Sein schöpferisches Wollen entsprach voll und ganz den Bestrebungen von Orgel- und Singbewegung; in gleichem Maß wichtig und von prägender und anregender Wirkung erwies sich das ebenfalls in Lübeck erfolgte Bekanntwerden mit der liturgischen Bewegung des Berneuchener Kreises.[4]

[1] Hugo Distler, „Gedanken zum Problem der Registrierung alter, speziell Bachscher Orgelmusik", in: Musik und Kirche XI (1939), Heft 3, S. 101–106; hier S. 105

[2] a.a.O., S. 102

[3] H. Distler, Vorbemerkung zur Partita „Wachet auf, ruft uns die Stimme"

[4] vgl. U. Herrmann, Hugo Distler. Rufer und Mahner, Berlin 1972

Natürlich ging es schöpferisch eigenständigen Komponisten wie Ernst Pepping, Johann Nepomuk David, Hans Friedrich Micheelsen und eben auch Hugo Distler nicht um bloßes Nachahmen der als Vorbild erkannten Musik; man war sich der Gefahren einer *Neogotik*[5] durchaus bewußt. (*Aus der Beschäftigung mit der Vergangenheit als solcher ist noch nie das Neue geworden.*[6]) Doch bereitete die Erkenntnis, daß durch die Ausrichtung an Meistern wie etwa Heinrich Schütz ein *neues künstlerisches Ethos* möglich sei – gleichzusetzen mit dem *Amt frommer Verkündigung*[7] – den Boden, auf dem das Eigene erwachsen konnte.

Mit Ausnahme der hier nicht herangezogenen „Dreißig Spielstücke" und der „Sonate (Trio) für Orgel" sind denn Distlers Orgelkompositionen ebenso wie die geistlichen Chorwerke nach Intention und Wesen für den gottesdienstlichen bzw. kirchenmusikalischen Gebrauch bestimmt. Insbesondere die Vesper als traditioneller Ort reicher musikalischer Ausgestaltung und engster Zusammenarbeit von Liturg und Kirchenmusiker – Distler hat deren 38 zwischen 1931 und 1936 an St. Jakobi zu Lübeck ausgestaltet[8] – bot sich neben den sonntäglichen Gottesdiensten zu ihrer Darbietung an.

Erstes Kennzeichen sowohl der Kompositionen für Orgel als auch der geistlichen Chorwerke ist die Transparenz des Satzes. In den Chorwerken bildet die Vierstimmigkeit als die für die Durchhörbarkeit und das gleichgewichtete Erfüllen des zur Verfügung stehenden Tonraumes ideale Stimmenzahl die überwiegend gewählte Norm, die gelegentlich – so in der Sammlung von zwei- und dreistimmigen Chormusiken „Der Jahrkreis" (opus 5) – unterschritten oder – wie in der Motette „Wachet auf, ruft uns die Stimme" – zur prachtvolleren Fünfstimmigkeit erweitert wird. Die bevorzugt polyphone Führung der Stimmen in melodischer, oftmals auch in rhythmischer Hinsicht – wobei die spezifisch Distlersche Art der Polyphonie noch näher zu beleuchten sein wird – gewährleistet deren Verfolgbarkeit auch in komplizierter geführten Abschnitten. Dies nicht zuletzt auch im Hinblick auf den Text, da die imitierende Setzweise alle

---

[5] H. Distler, „Johann Sebastian Bachs Dorische Toccata und Fuge. Gedanken zu einer Registrieranalyse", in: Musik und Kirche XII (1940), Heft 3, S. 49–57; hier S. 50, Anm. 2

[6] a.a.O., S. 55

[7] H. Distler, „Gedanken zum Problem ...", S. 102

[8] Eine detaillierte Auflistung gibt Larry Palmer, Hugo Distler and his Church Music, Saint Louis u. London 1967, S. 165ff

Stimmen in gleichem Maß zum Textvortrag heranzieht und deutlichste Artikulation (durch überwiegend syllabische Textzuordnung und gelegentliche Nähe zum Parlando) und Phrasierung (mittels prägnanter, meist kurzer und häufig insistierend festgehaltener Motive) mit ihr Hand in Hand gehen.

Die Orgelmusik ist auf Instrumente mit klar zeichnenden und charakteristisch färbenden Registern zugeschnitten und schon von daher auf Transparenz hin angelegt. Auch sind Phrasierung und Artikulation entweder minutiös bezeichnet oder ergeben sich zwingend aus dem Motivmaterial; Angaben zu Lautstärke und vor allem Dynamik erscheinen dagegen nur ausnahmsweise und wo unbedingt notwendig – in dieser Hinsicht und auch im Hinblick auf die streng beibehaltene, von vornherein reduzierte Stimmenzahl ist ein größerer Kontrast, allein schon im Notenbild, gegenüber spätromantischer Orgel- und auch Chormusik kaum denkbar.

Ähnliches gilt für das verwendete Tonmaterial selbst. Unverkennbar ist der Rückgriff auf die Kirchentonarten und die Bevorzugung reiner Intervalle, d.h. insbesondere von Quarte und Quinte. Auch hier bedeutet der Rückbezug auf historisch weit zurückliegende Modelle kein plattes Wiederaufgreifen; sowohl die Art des Umgangs mit den modalen Skalen selbst als auch ihr Integriertwerden in eine anders strukturiertes Material nicht ausschließende, dabei trotzdem einheitliche und unverwechselbare Musiksprache lassen deutlich werden, daß Distler in ihnen ein gleichsam unverbrauchtes Potential wahrnahm, das seiner klanglichen Imagination die inspirierende materiale Basis bot.

Heinrich Schütz benennt im Titel seiner „Historia Der fröhlichen und Siegreichen Aufferstehung ...“ (SWV 50) sein schöpferisches Tun mit den Worten *in die Musik übersetzet von Heinrich Schütz*; Haltung und Wesen der meisten der textvertonenden oder von einem Textbezug ausgehenden (Choralvorspiele, Partiten) Werke seines Bewunderers Hugo Distler dürften zutreffender kaum zu kennzeichnen sein. Die Frage nach der spezifisch Distlerschen Art und Weise solchen „Übersetzens in die Musik“ steht hinter den folgenden Untersuchungen. Drei Orgelwerke und zwei Chorkompositionen werden hierfür aus dem Gesamtschaffen herausgegriffen und zu fassen versucht unter dem Aspekt des in ihnen jeweils waltenden Verhältnisses von autonom musikalischen Mitteln und Verfahren auf der einen, von Text- bzw. Inhaltsbezug ausgelösten Erscheinungen auf der anderen Seite.

Die zwei hier besprochenen Chorwerke entstammen beide Distlers op. 12, der Sammlung von größeren De tempore-Motetten „Geistliche Chormusik", die ab 1934 entstanden und auf insgesamt neun Motetten angewachsen ist.

Die Begräbnismotette op. 12, Nr. 7, „In der Welt habt ihr Angst" für vierstimmigen Chor a cappella, beruht auf Vers 33 aus Joh. XVI. Sie ist – in vollkommener Kohärenz zum Inhaltsablauf des vertonten Verses – komponiert als Weg der Schlichtung und Besänftigung, des Gewiß- und Ruhigwerdens in der Trostverheißung. In drei Abschnitten, die zusammen nur 19 Takte umfassen und den drei Satzgliedern des Verses entsprechen, folgen drei zwar nahtlos ineinander übergehende, in Melodieführung, Setzweise und Klanglichkeit aber zunehmend voneinander verschiedene Zustände aufeinander. Sie führen den Wandel von Angst und Unsicherheit zu Trostgewißheit im Sinne der madrigalischen Ausdruckskunst als Transformation des anfänglich dissonanzenreichen und durch rigorose Unabhängigkeit der Stimmen gekennzeichneten Satzes in eine von angeglichener Rhythmik der Stimmen und konsonaten Klängen geprägte Gegenwelt vor Auge und Ohr (s. Seite 63):

1. Abschnitt *In der Welt habt ihr Angst*;

Kernwort dieses ersten Abschnitts ist *Angst*. Das damit verbundene Ausdrucksfeld von Ungesichertheit und Ungeborgenheit schlägt sich musikalisch neben dem absichtsvollen Nebeneinanderstellen von vier völlig unabhängig geführten Stimmen (auch in den Modi!) plastisch in der Summierung von bedeutungsbesetzten Figuren nieder: Synkope (als Abbild [metrischer] Unsicherheit; Alt), Tritonus (als Herausfallen aus der Geborgenheit des Gewissen; Alt und Baß), stufenweise abfallender Quartraum (Lamentotradition als Topos der Klage; Sopran und Tenor), Sich-Überschlagen der Stimme und exaltierter Sprung (Sopran), schließlich die Wiederholung des isolierten Kernwortes *Angst* (Alt) schichten sich übereinander, teilweise ostinat, also gleichsam ausweglos wiederholt. Auch das Konstruktionsprinzip, „reguläre" Akkorde nur für die Dauer eines Achtels (T. 2, 3. Achtel) bzw. einer Viertel (T. 3, drittes Viertel) zuzulassen und sonst nur Reibeklängen die Vorherrschaft zu übergeben, bewirkt den Eindruck von Unruhe und Ziellosigkeit mit.

2. Abschnitt *aber seid getrost,*

Der Achston h des Basses symbolisiert ein erstes Moment von Halt und Stabilität; um ihn herum erklingen kürzere, „tröstlichere“ Formeln, die aus der ohnehin besänftigten Klanglichkeit immer wieder den E Dur-Akkord aufscheinen lassen. Das Kernwort dieses Satzgliedes *getrost* er-

*) Bei Taktwechsel, sofern nicht anders angegeben, ♩ = ♩

**) *marcato, quasi portato*

denn ich ha - be die Welt ü - ber - wun -
denn ich ha - be die Welt ü - ber - wun - den,
denn ich ha - be die Welt ü - ber - wun - den,
ge - trost, denn ich ha - be die Welt ü - ber - wun - den,
- den, die Welt ü - ber - wun - den, die Welt ü - ber - wun - den, ü - ber -
die Welt ü - ber - wun - den, die Welt ü - ber - wun - den, ü - ber -
die Welt ü - ber - wun - den, die Welt ü - ber - wun - den, ü - ber -
die Welt ü - ber - wun - den, die Welt ü - ber - wun - den, ü - ber -
Ein wenig breiter
Langsame Halbe
wun - den, ü - ber - wun - den, ü - ber - wun - den. Wenn mein Stünd - lein vor -
wun - den, ü - ber - wun - den, ü - ber - wun - den. Wenn mein Stünd - lein
wun - den, ü - ber - wun - den, ü - ber - wun - den. Wenn mein Stünd - lein
wun - den, ü - ber - wun - den, ü - ber - wun - den. Wenn mein Stünd - lein vor -
han - den ist und soll hin - fahrn mein Stra - ße, so gleit du mich, Herr
vor - han - den ist und soll hin - fahrn mein Stra - ße, so gleit du mich, Herr
vor - han - den ist und soll hin - fahrn mein Stra - ße, so gleit du mich, Herr
han - den ist und soll hin - fahrn mein Stra - ße, so gleit du mich

fährt neben der Hervorhebung im Sopran besondere Betonung durch die abgesetzte Dehnung der Kernsilbe am Schluß dieses Abschnitts. (Man beachte aber, daß bis dahin infolge des ausgehaltenen Baßtones das Wort *Angst* unterschwellig noch gegenwärtig war!)

3. Abschnitt *denn ich habe die Welt überwunden.*

Die Verknüpfung mit dem 2. Abschnitt geschieht durch den ebenfalls synkopischen Anfang. Der Fugato-Beginn geht rasch in die Zusammenfassung aller Stimmen zu gleichem Rhythmus über (die Gewißheit wird kollektiv „gewußt" und nicht mehr in Frage gestellt); hinzu kommt die

Durchsetzung der Durklanglichkeit (besonders leuchtend die Folge von A Dur und C Dur in den Takten 12 und 13; danach nur noch bekräftigendes Pendeln zwischen C Dur und G Dur), in der nur noch wenige Durchgangstöne die Konsonanzenreinheit stören.

Auch in den äußeren Proportionen der Motette findet die Entwicklung von Ungeborgenheit zu Gewißheit ihren Niederschlag: die drei Abschnitte sind entsprechend der inneren Steigerungsfolge von anwachsender Länge (4 + 6 + 9 Takte).

Die Sorgfalt, die Distler auch an unscheinbare Details wandte, belegt die Wandlung, die das Rhythmuselement  durchmacht: von einem im Satz untergehenden, gleichwohl rhythmusverdichtenden Füllsel (T. 2 f, Tenor) entwickelt es sich über das frei und ausdrucksstark ausschwingende Endglied des Sopranmelismas in Takt 10 zu einem fast tänzerischen, die inhaltliche Ebene unmittelbar zum Ausdruck bringenden Bestandteil eines Melodiebogens im Sopran (T. 14).

Wie auch sonst oft, schließt Distler die Motette mit einem Choralsatz ab. In ihm wirken Momente und Ausdrucksbereiche der Musik, in die der Bibelvers „übersetzt" worden war, nach und fügen so Motette und Choral zu innerer Einheit zusammen: Ist es zunächst der Tritonus h–f, der linear (Baß: T. 2 f, 3 f, 8) und vertikal (Baß/Alt: T. 3) den Satz durchzieht und das mit ihm in der Motette verbundene Bedeutungsfeld von Angst hier mit dem Flehen des Choraltextes, in der Sterbestunde von Christus nicht verlassen zu werden, ineinssetzt, so wächst nach der harmonisch sehr auffälligen Stelle in Takt 8 (alle Stimmen münden – bei fallendem Tritonus im Baß – in einen Einklang) dem Alt als drängend deklamierende Stimme (man beachte die konsequente Steigerung zur synkopischen und sich verdichtenden Anrede *du, du, du* in T. 12!) die Rolle zu, auf das Allen geltende Schriftwort als einzeln betroffener Mensch zu antworten.

Der Passionsmotette „Fürwahr, er trug unsere Krankheit" op. 12, Nr. 9 liegen die Verse 4 und 5 aus Jesaja 53 zugrunde; dem Bibelwort hintangestellt ist die in anderen Bildern vom Gleichen sprechende erste Strophe des Paul Gerhardt-Chorals „Ein Lämmlein geht und trägt die Schuld".

Die Motette kennzeichnet ein an Schütz, in klanglicher Hinsicht mehr noch an Gesualdo erinnernder Satz. Schlichte, von der Klarheit des Textvortrags bestimmte Führung der Stimmen in überschaubaren Gliedern und reduzierter Bewegtheit verbinden sich mit einer Klanglichkeit, die vom „Inhalt" auf tiefere Weise spricht als durch bloße „Textvertonung".

Wie in der zuvor besprochenen Motette spielen musikalisch-rhetorische Figuren eine bedeutende Rolle, doch bekundet in besonderem Maß die Behandlung der Klanglichkeit mit ihren überlegt eingesetzten überraschenden Akkordfolgen und -schattierungen Distlers gleichsam exegetisch verkündendes Komponieren. Es erweist sich, daß die extensiv herangezogenen Mittel chromatischer Stimmführung und enharmonischer Verwechslung von Akkorden figuren-, d.h. in eigentlicher Instanz textbedingt sind und mit der Chromatik des 19. Jahrhunderts keine Wesensverwandtschaft aufweisen.

Wiederholung als Ausdruck der Versenkung in den gegebenen Inhalt und gleichsam antiphonischer Wechsel zwischen Alt und den übrigen Stimmen als komponierte Abfolge von Verkünden und Begreifen fügen sich zu Beginn der Motette ineinander (s. Seite 67): Im Oktav- bzw. Unterquintabstand wiederholen Sopran und Tenor das vom Alt allein vorgetragene *Fürwahr*; ihre quintparallele, d.h. die L i n i e verklanglichende Bewegung unterlegt der Baß mit der Umkehrung dieses ersten Motivs. Das hierdurch bewirkte „Entrücken" des jeweiligen Zielklanges der drei antwortenden Stimmen in einen dem Kontext fremden Bereich ist als Mittel madrigalischer Ausdruckskunst zu sehen und kann interpretiert werden als „Übersetzung" des Staunens und der Ehrfurcht vor dem im Text benannten, aber nicht eigentlich begreifbaren Geschehen. (Die Linie des Alt würde man eher auf die d- oder g-Klanglichkeit beziehen, wie es der Einsatz der drei antwortenden Stimmen – als dissonant geschärfter „g Moll"-Klang – auch tut; der Zielklang auf der betonten Silbe *-wahr* führt jedoch – enharmonisch gelesen – in den Sextakkord von es Moll!) Dieses Changieren zwischen zwei einander fremden Klangbereichen – bezeichnend der reibende, die alte Klanglichkeit behauptende zweite und dritte Einsatz des Alt! – bleibt bis T. 6 beibehalten; mit dem Vortrag der vollständigen ersten Satzhälfte *Fürwahr, er trug unsere Krankheit*, der wieder als Wechsel von „Vorsänger" (Alt) und antwortendem Restchor gestaltet ist, setzt sich dann es Moll als quasi IV. Stufe zum in plagaler Öffnung erreichten B Dur (T. 9) allein durch. Wie zu Beginn ist der Alt als die zentrale Stimme anzusehen, die mit ihrer Verbindung von prägnant deklamierenden Tonrepetitionen und expressivem Melodiebogen sowohl die (deutend-verdeutlichende!) Akzentuierung von *unsere* (♩.♪♩) bewirkt als auch das zentrale Wort *Krankheit* herausstreicht, mithin Gesten vorgibt, denen die anderen Stimmen auf gleiche oder ähnliche Weise folgen. (Daß der Alt selbst im vierstimmigen Satz noch die Orientierungsstimme ist, zeigt sich auch daran, daß sich ihm der Sopran in T. 8 in quintparalleler Führung vollständig angleicht.)

Um eine Quarte nach oben versetzt, wird die bereits gehörte Musik zunächst tongetreu, ab T. 16 leicht verändert und intensiviert auch der zweiten Satzhälfte *und lud auf sich unsere Schmerzen* zugeordnet, mit der Folge der Akzentuierung von *lud*, erneut und sinnverklammernd *unsere*, sowie *Schmerzen*.

Auch im folgenden übernimmt der Alt die Führung. Durch seinen nach Repetitionen um einen Halbton sich aufrichtenden Neueinsatz den gis-Moll-Klang, mit dem der erste Formabschnitt ausschwang, zum E Dur-Sextakkord aufhellend und von diesem Klanggrund getragen, bringt er (und nur er allein vollständig) den anschließenden Halbvers *Wir aber hielten ihn für den, der geplagt* [und] *von Gott geschlagen und gemartert wäre* zum Vortrag, ebenfalls textausdeutend unterstützt von den anderen Stimmen erst nach 3 1/2 Takten. Mit seinem solistisch deklamierenden Hervortreten ist eine besondere Worthervorhebung verbunden, indem das Wort *ihn* nicht nur durch den Rhythmus und die bloße Wiederholung gleichsam mit einem Ausrufezeichen versehen, sondern auch durch die Anhebung der Melodie zum f^1 die Aufmerksamkeit des Hörers in dreifacher Weise auf dieses Wort gelenkt wird: Es handelt sich erstens um eine Variante des Anfangsmotivs und das Kernintervall des Stückes, zweitens fällt das isoliert übrigbleibende f^1 aus der vorherigen Klanglichkeit völlig heraus, und drittens geschieht die Wiederholung des Wortes im Tritonusabstand f^1–h^1. Die übrigen Stimmen fallen gleichsam erläuternd und ausführend unvermittelt ein; Motiverfindung und Satzprinzipe wirken sinnfällig zusammen, um gesteigert und in erregter Verdichtung von Klang und Ausdruck den Inhalt zu verdeutlichen. In Engführung (und so Halbtonreibungen bewußt herbeiführend) sind Alt und Sopran von T. 22 bis 26 in einem Oberterzkanon miteinander verbunden, der sich die sequenzierende und variierende Aneinanderreihung von Elementen als intensitätssteigerndes Mittel zunutzemacht. Das Prinzip der steigernden Sequenzierung bestimmt auch die Unterstimmen, wobei der Baß durch seinen anfänglichen Halbtonanstieg einerseits auf den Anfang und die motivische Ausgangssubstanz der Motette zurückverweist, durch seine Weiterführung andererseits eine musikalische Figur in Erscheinung treten läßt, deren traditionelle Bedeutung als saltus duriusculus den ihr zugehörigen Wörtern *geplagt* und *geschlagen* gänzlich konform ist. Trotz des veränderten Satzgeschehens wirkt auch die Klanglichkeit der Ausgangssubstanz unüberhörbar fort; auf eine dissonante zweite Takthälfte folgen jeweils mediantisch aufeinander beziehbare Akkorde (T. 23: es Moll/fis Moll; T. 24: f Moll/gis Moll; T. 25: quasi g Moll/b Moll, wobei letzteres zum A Dur-Septakkord umgedeutet und mit Schlag 1 von T. 26 zu reinem a Moll wird – seinerseits gefolgt von c Moll!).

Bis auf geringfügige Varianten am Schluß kehren mit dem Auftakt zu Takt 27 die ersten 18 Takte der Motette ton- und textgetreu wieder, um eine kleine Terz nach oben versetzt.

Auf die nachdrückliche Bekräftigung der Hauptaussage des Jesaja-Wortes (*Fürwahr, er trug unsre Krankheit*) beschränkt sich der Abschluß dieses ersten Formteils.

Als bedürfe es des wiederholten Vorsagens des nicht Begreifbaren (bezeichnend die mit dem Wechsel zum 3/2-Takt entstehende und von Distler in Kauf genommene Betonungsverschiebung zu f ü r wahr), wird *fürwahr* dreimal aneinandergefügt, dann erst gefolgt von der erläuternden Aussage *er trug unsre Krankheit*. Neben dem Wort *Krankheit* ist hier in gewichtigem Unterschied zu den vorhergegangenen Stellen das Subjekt *er* (Christus) erstmals und nachdrücklich in den Vordergrund gerückt. Diese Abfolge erklingt dreimal hintereinander, abgerundet durch das letztmalige *unsre Krankheit* in nochmals verbreiterten Werten.

Vers 5 *Aber um unserer Missetat willen ward er verwundet und um unserer Sünde willen zerschlagen*, bildet auf meisterhafte Weise einen zugleich (kontrastierend) für sich stehenden und aus dem ersten Abschnitt herauswachsenden Formteil. Als nur gelegentlich zur Vollstimmigkeit anwachsende, über weite Abschnitte drei- oder auch nur zweistimmige Fuge hebt er sich schon rein satztechnisch vom mehr klanglich-akkordisch bestimmten ersten Teil ab; das weit ausgesponnene Fugenthema dagegen weist außer durch die Chromatik als allgemein weitergetragenes Substanzmerkmal sowohl im Themenkopf (die Tonfolge a–b entspricht dem Motettenanfang) als auch in dessen Weiterführung (die verminderte Septime – hier als Sprung nach oben sowie „ausgefüllt" abwärts – war in T. 23ff im Baß wirksam gewesen) auf Motivgestalten und Figuren des ersten Formteils zurück. Mehr noch als der erste Motettenteil führt diese Fuge vor Augen, wie Distlers Komponieren zum einen fest in der Bachschen und der „altdeutschen" Musik verwurzelt ist und er deren Erfindungs- und Verfahrensweisen als Träger der Sinnvermittlung heranzieht, zum anderen das Übernommene auf sehr persönliche Weise in eine nur ihm eigene Musiksprache seiner eigenen Zeit transformiert (die Ver-

wendung der Fugentechnik allein würde noch keine Abgrenzung zum 19. Jahrhundert ergeben). Der imitierende (hier der fugierte) Satz verkörpert in reinster Weise die motettische Tradition und läßt schon per se alle Stimmen in gleichem Maße mit identischer musikalischer und textlicher

Substanz am Vortrag teilhaben. Darüber hinausgehend wurden hier die den Sinngliedern des Textes bzw. Einzelwörtern zugeordneten Themabestandteile konsequent auch als Figuren gebildet und nach den Regeln und Möglichkeiten kontrapunktischer Kunst einander zugeordnet und überlagert. Im Vertrauen auf die überkommene Bedeutungszuordnung geschieht die Herausstellung des Wortes *Missetat* außer durch die Akzentuierung der ersten Silbe mittels Hochton und Längung durch die oben schon erwähnte, als Sprung und Rahmenintervall präsente verminderte Septime gis^1–f^2; *verwundet* wird durch Halbtonfall gekennzeichnet. Gerade aufgrund der Ausformung der Themabestandteile als jeweils charakteristische Gestalt – außer durch die schon genannten Wesensmerkmale dargestellt je durch Sequenzierung (*ward er verwundet*), quasi kreisende Wiederholung (*um unserer Sünde*), variative Bezogenheit (die Weiterführung *um unserer Sünde willen* ist mit dem Themenkopf verwandt) und Repetition der Tonhöhe bei prägnanter rhythmischer Gestalt (*zerschlagen*) – vermag die Musik die im Text sukzessiv hintereinanderstehenden Aussageglieder zu einem sich gegenseitig beleuchtenden, ergänzenden und deutenden Bezugsnetz zu knüpfen. So tritt etwa das durchaus im Sinne eines Symbols häufig als Eigenwort für sich stehende *zerschlagen* kommentierend und in der Art eines Mementos zu den anderen Sinngliedern hinzu.

Vierstimmigkeit nur kurz zuzulassen (T. 95–98) und sich auf Drei- und Zweistimmigkeit zu beschränken, hat außer der offenbar als zusätzliche textausdeutende Komponente angestrebten Sprödigkeit und Kargheit des Satzes auch architektonische Gründe, da die schließlich erfolgende Zusammenführung aller Stimmen (ab T. 117) so den Schlußabschnitt der Fuge markieren kann.

In ihm gelangen inhaltlicher und handwerklicher Höhepunkt zu völliger Deckung: nicht nur sind alle Textglieder auf einmal präsent, sondern auch die kontrapunktische Setzweise erreicht ihren größten Komplexionsgrad, indem die zentrale Aussage *um unserer Missetat willen*, d.h. der Themakopf der Fuge ab T. 118 im Tenor in der Art eines breit mensurierten Cantus firmus in augmentierter Gestalt die Achsstimme bildet, um die herum die übrigen Stimmen mit den anderen Themabestandteilen in den jeweiligen Ausgangsgestalten erklingen. Die einmal erreichte Vierstimmigkeit wird dann für die verbleibenden Takte dieses Formteils beibehalten, die in eher akkordisch orientiertem Satz den bis dahin fehlenden Teil des Verses *Die Strafe liegt auf ihm, auf daß wir Frieden hätten* anschließen, klanglich und ausdrucksmäßig von der vorhergegangenen Fuge völlig abgehoben. Aus dem fünfstimmigen Schlußklang wächst nahtlos die Wiederholung des ersten Formteils (Vers 4) heraus, so daß die Großform A (65 Takte) – B (68 Takte) – A entsteht.

Orgelwerke

Mit Ausnahme der Partiten über „Jesus Christus, unser Heiland, der von uns den Gottes Zorn wandt“ und „Christ, der du bist der helle Tag“, die den jeweils zugrundeliegenden Choral vorrangig als Ausgangsmaterial für polyphone bzw. instrumentale Formen (Bicinium, Variations-Ricercare, Pastorale) begreifen, umkreisen die Sätze der „Kleinen Orgelchoralbearbeitungen“ op. 8/III den Sinngehalt des betreffenden Chorals zumindest mit, sei es in so allgemein die Osterfreude zum Ausdruck bringender Weise wie im Vorspiel zu „Mit Freuden zart“ oder in der bildhaft-deutenden Art der Vorspiele zu „Das alte Jahr vergangen ist“ und zu „Christe, du Lamm Gottes“. Keine der Bearbeitungen geht aber in ihrem Auslegungscharakter so weit wie das Vorspiel zu „Ach wie flüchtig,

VI. VORSPIEL UND SATZ „ACH WIE FLÜCHTIG, ACH WIE NICHTIG“

ach wie nichtig“ (Nr. VI); in ihm verbinden sich Figur (im schon umrissenen Sinn) und klanglich-rhythmische Expression zu solcher abbildend-ausdeutender Dichte, daß die bloße Funktion als Choralvorspiel zum einen zwar vollkommen erfüllt, andererseits aber auch weit hinter sich gelassen scheint.

Der Cantus firmus erklingt in charakteristischer Färbung (Krummhorn 8', Hohlflöte 4' wäre an der Lübecker Kleinen St. Jakobi-Orgel Distlers Registerkombination gewesen) auf eigenem Manual und bis auf die letzte Strophenzeile unverziert in der Rhythmisierung des Chorals. Um ihn herum sind mehrere Ostinato-Schichten gesetzt. In den Cantus firmus-freien Manualstimmen wirken ineinander ein seufzerartiges, aus zwei abwärts gerichteten und durch Pausen isolierten Achteln bestehendes Motiv und eine klarer noch aus dem Bedeutungsfeld von Seufzer- und Lamentomotivik herkommende Figur, die sich aus zwei chromatisch nach unten gerichteten, zuerst je synkopisch, dann in quasi auftaktigen Achteln verlaufenden Bestandteilen zusammensetzt. Der zweite, in sich variierte Bestandteil ist bis auf Takt 9 (dem Beginn des dritten Formabschnitts) und die beiden Schlußtakte stets auf dieselbe Weise gegenwärtig, während das aus zwei isolierten Achteln bestehende Motiv im zweiten Formteil (T. 5–8, den Strophenzeilen 3 und 4 des Chorals entsprechend) ganz ausgespart bleibt und erst im Schlußabschnitt wieder auftritt. Die Ostinatostruktur des Pedals ist als zerfallende, d.h. als Abbild des im Text angesprochenen Vergehens als Zersetzungsprozeß komponiert. Den Ausgangspunkt bildet eine eintaktige Struktur, die (mit Ausnahme des ersten Taktes) aus zwei durch einen Halbtonschritt nach unten getrennten halbtaktigen Teilgliedern besteht und durch den Rhythmus ♩ ♩ ♪.𝅘𝅥𝅯 ♩ gekennzeichnet ist. (Die Ausnahme des ersten Taktes ist darin begründet, daß dadurch in der Folge von Takt 1 und 2 der Lamento-Baß gebildet werden kann.) Diese eintaktige Struktur wird zum Schluß hin aufgelöst, d.h. ab Takt 9 reduziert und im folgenden auf die zweite Takthälfte begrenzt, wobei der für die Zählzeit 3 prägende Rhythmus ♪.𝅘𝅥𝅯 in den Takten 10 und 12 nur noch aus der komplementären Ergänzung der beiden Pedalstimmen sich bildet, im letzten Takt gar auf das nachschlagende Sechzehntel zusammenschrumpft.

Die beschriebenen Ostinato-Schichten sind dadurch autark, daß sie hinsichtlich der klanglichen Zuordnung – vom rhythmischen Geschehen her ist die Zuordnung gleichbleibend und klar – in rigoroser Unabhängigkeit voneinander geführt werden; die Klangfolgen erscheinen deshalb ziel-bzw. „boden"los und ungerichtet, sie wirken instabil (*flüchtig*) und nicht gegründet (*nichtig*). Zu diesem Eindruck tragen die oft entstehenden nicht aufeinander bezogenen Klänge (man beachte etwa die Folge von T. 2 zu 3 oder diejenige von T. 6 zu 7!) nicht wenig bei, wie andererseits die bis auf schlußbildende Ausnahmen (T. 4) und den zerfallenden Schluß starre Rhythmik der ostinaten Elemente an der Erweckung des Eindrucks von Vergeblichkeit wesentlich mitbeteiligt ist.

Der zweite Formabschnitt (T. 5–8) vermehrt die farblichen und inhaltlichen Verlaufsschichten um eine weitere Ebene: Der Cantus firmus wandert in die Altlage; gleichzeitig wird in der Tenorlage durch das Herauslösen und die Verselbständigung des Halbton- (Seufzer-)falls, der den Motivkern aller den Cantus firmus umgebenden Linien bildet, eine neue und neu kommentierende Stimme ins Leben gerufen, die an den phrygischen Quartraum e^1/a^1 gefesselt bleibt – rhythmisch sich belebend und steigernd, melodisch sich verlängernd, doch letztlich ohne Möglichkeit des Ausbrechens. (Daß Distler ab Takt 5 auch die Darstellung von Schichten auf der Orgel bis zum Äußersten steigert, sei ebenfalls erwähnt: Ab hier erklingen auf drei (!) Manualen und Pedal vier durch Farbe und Charakter unterschiedene Linien!)

Die Bewegtheit der hinzugekommenen Stimme wirkt sich im dritten Formabschnitt auf den Cantus firmus aus, der nun als verzierte, trotz aller Erregtheit aber an einen nicht zu durchbrechenden Raum gebundene Linie geformt ist, ebenso auf die neu hinzutretende zweite Pedalstimme (die aus T. 4 abgeleitet werden kann) und den Alt des vorletzten Taktes.

Andere Züge weist die Partita „Nun komm, der Heiden Heiland" op. 8/I auf. Wie die beiden weiter oben schon erwähnten Partiten aus den „Kleinen Orgelchoralbearbeitungen" stellt sie sich dar als Folge mehrerer Sätze, die den zugrundeliegenden Choral zum Ausgangspunkt vielfältiger Abwandlungen satztechnischer und instrumentenspezifischer Art nehmen. Im Gegensatz zu den Partiten etwa Samuel Scheidts oder Johann Sebastian Bachs steht den verändernden Formen eine *Toccata*, mithin ein von quasi „improvisatorischem", spielerisch-freiem Duktus geprägter Satz einleitend voran, der am Ende den Zyklus auch beschließt.[9]

[9] Die Teile der Partita – außer der *Toccata* – können auch getrennt Verwendung finden (vgl. die Schlußbemerkungen zur Partita); Distler selbst spielte in der Vesper vom 29. November 1936 den Teil II (*Choral mit Variationen*) als Block für sich, zum Schluß dann *Chaconne* und *Toccata*. vgl. Palmer, S. 176

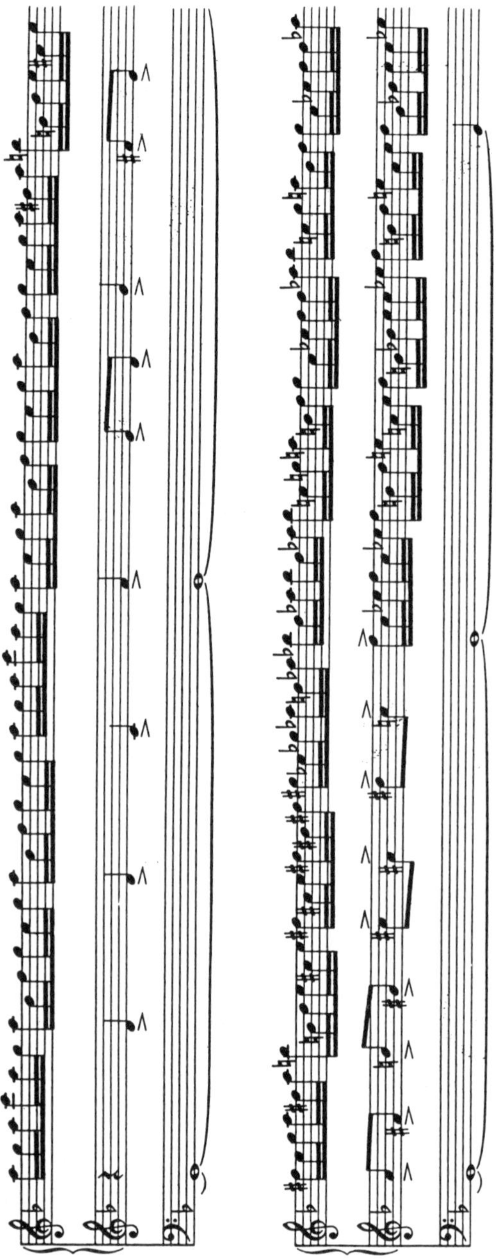

Die motivische Verklammerung der Teile *Toccata*, *Choral mit Variationen*, *Chaconne* und nochmals *Toccata* geschieht durch die Bezugnahme bzw. Reduzierung auf Kernintervalle des Cantus firmus-Beginns, d.h. des durch Sekundschritt abwärts und anschließenden Sprung nach oben umrissenen Quartraumes. In der *Toccata* treiben die Kernintervalle bereits das eröffnende Pedalsolo voran und speisen es; in umgewandelter Gestalt, nämlich mit nach oben geführter großer Sekunde, verbirgt sich der Motivkern auch in der quirligen Triolenfiguration des Orgelpunktabschnitts. Als Cantus firmus-Zitat, dann in Fortführung und Reduzierung auf den aufwärts gerichteten Quartsprung, schließlich einmündend in die Triolenfiguration ist der Kern der ersten Choralzeile in der zweiten Manualstimme ebenfalls stets gegenwärtig. Konsequent in Quartparallelen geführt, verleiht diese Triolenbewegung dem im Pedal abrundend erscheinenden Schluß des Chorals (der mit dessen erster Zeile ja nahezu identisch ist) klangliche Härte und Strahlkraft.

Satz II, *Choral mit Variationen* bildet das Kernstück der Partita. Bezeichnend will es scheinen, daß der Ausgangspunkt der Variationen (der Choral) nicht im akkordischen Satz erklingt, sondern in bereits verarbeiteter Gestalt, nämlich als Tenorlied in einem Satz von Baltasar Resinarius;[10] kenntlich gemacht ist damit zum einen in unmißverständlicher Weise das Anliegen der Variationen, den Choral polyphonen Verfahren zu unterwerfen, zum anderen bekennt sich der Komponist so zu seinem Wurzeln in der Polyphonie des 16., 17. und 18. Jahrhunderts.

Traditionsgemäß ist die 1. Variation als Bicinium gestaltet. Nahezu strikt dem Stimmtauschprinzip unterworfen, erklingt jede Chorzeile zweimal, in unterschiedlicher Lage und Registerfarbe. Der Kontrapunkt geht dabei auf die *Toccata* (Orgelpunktabschnitt), d.h. letztlich auf die

---

[10] Ebendieser Satz war neben Orgel- und Chorsätzen verschiedener Meister (Buxtehude, Pachelbel, Scheidt) über „Nun komm, der Heiden Heiland“ Bestandteil der Vesper vom 27. November 1932; vgl. Palmer, S. 170

Substanz des Cantus firmus-Anfangs zurück, ist aber bereits erweitert und entwickelt, da nunmehr zwei ineinander verschränkte Quarträume eine für das Dorische typische Formel ausprägen. Diese in unverkennbar Distlerscher Weise rhythmisch profilierte Formel erklingt als Kontrapunkt der zweiten Choralzeile auch von anderer Stufe aus, um in der letzten Zeile wieder zur Ausgangslage zurückzufinden. In variierender Abwandlung hebt sich der Kontrapunkt in der dritten Choralzeile durch lineare Ausfüllung des ersten Quartraumes vom Vorausgegangenen und Nachfolgenden ab.

Variation 2 ist als Fugato mit Zwischenspielen gebaut; dem in breiten Werten als tiefste Stimme vorgetragenen Cantus firmus stehen zwei bewegte, von profilierter Rhythmik geprägte Stimmen gegenüber, deren Thema sich dem Choralanfang (mit ausgefüllter Quarte) verdankt. Hingegen blickt die 3. Variation als quasi „Vergewisserung" auf den Resinarius-Satz zurück. Vor allem an ihrem Beginn ist der Ricercare-Typus klar ausgeprägt. Bei gleichzeitig größer werdender Dichte der Imitationen, Engführungen und Kanonbezüge rücken die Abschnitte enger aneinander, so daß die offenbar angestrebten kleinen Proportionen bewahrt bleiben. Der Cantus firmus ist hier nur farblich, nicht aber rhythmisch vom Unterbau abgehoben.

Die 4. Variation stellt die Ausnahme vom sonst gewahrten Prinzip polyphoner Verarbeitung dar. Die Cantus firmus-Töne fungieren hier als Basis von Triolen-Arpeggien, die den jeweiligen Basiston in der Art einer in die Horizontale verschobenen „künstlichen Mixtur" verklanglichen.

In der 5. Variation legt eine spezifische Farblichkeit die spezielle Stimmenschichtung bloß: Die oberste, mit der Farbe der Spielpfeife 8' verbundene Stimme bewegt sich in durchgehenden Achteln (einzelne gehaltene Zusatztöne nicht gerechnet, die die Zeilenenden klanglich verdichten) über einem zweischichtigen Unterbau. Die mittlere Schicht besteht aus dem Cantus firmus als zweithöchster Stimme sowie einer Gegenstimme zu diesem in identischer Farbe (Schalmey 8'/Waldflöte 2'). Das isoliert eingesetzte Pedal (Spielpfeifenbaß 8'/Trommet 4') - zwei Quarten aufwärts verbinden sich zu einem jeweils an den Zeilenenden auftretenden Signal - vervollständigt klanglich ergänzend den Unterbau.

Variation 6 ist vom veränderten Wiedererscheinen und Weiterreichen von Strukturelementen geprägt und bildet eine Verbindung von spielerisch gehaltenen und kontrapunktisch geführten Verläufen aus. Unter einem bewegten und farbigen Oberbau, für den ein die Drehnote nach unten und einen Quartsprung nach unten enthaltendes Ostinato- und Fortspinnungsmotiv ebenso wie die abwärts durchlaufene Quartskala die wesentlichen Bauelemente darstellen, liegt ein ebenfalls zweistimmiger Unterbau, der als Kanon in der Oberquinte im Abstand von zwei Ganzen gebildet ist. In der abschließenden 7. Variation stützt ein dreistimmiger Unterbau eine in fast ununterbrochener Sechzehntelbewegung verlaufende und den Cantus firmus figurierende Oberstimme. Wie in der 5. Variation treten aus Quarten gebildete Signalelemente gegen Ende der Variation in sich steigerndem Maß auf; nochmalige Steigerung erfährt auch die schon mit Variation 4 (es) und 6 (es, as) vorbereitete buntere Klanglichkeit.

Teil III der Partita, eine *Chaconne*, fügt sich als Fortführung und nochmalige Konzentrierung des Variationsgedankens des *Chorals mit Variationen* als naturgemäße Fortsetzung an. Ihre Basis ist die zum Baßfundament gemachte erste Choralzeile. Die *Chaconne* nimmt auf und transformiert, was zuvor motivisch bedeutsam gewesen war; als Reihungsform vermag sie jedoch Motive auch entwickelnd hintereinanderzustellen und so organisch gebildete Steigerungswellen auszuformen.

Es erweist sich, daß die *Chaconne* denjenigen Pachelbels nahesteht, wie folgende Charakteristika zeigen: Der ruhige Beginn (hier auf den elementaren Tonvorrat beschränkt und Variation 1 nahestehend), sukzessive Steigerung der Bewegung und des virtuosen Anspruchs, das verändernde Weiterreichen von Motiven oder Spielfiguren (hier auch von kontrapunktischen Verfahrensweisen), die Steigerung auch der Farblichkeit (in Distlers *Chaconne* setzt sich die in den *Variationen* erst angedeutete Klanglichkeit der erniedrigten 2. Stufe [as] abschnittweise in ausgesprochen leuchtender Weise durch), schließlich die Beibehaltung des Baßfundaments (das allenfalls in Figurationen aufgelöst werden kann) in den ersten Durchgängen, um dann manualiter fortzufahren bei Bevorzugung brillanter Spielfiguren, wonach der Wiedereinsatz des Pedalfundaments um so größeres abrundendes Gewicht erhält.

Die Beschreibung der „Partita" dürfte klargemacht haben, daß von einem eigentlichen Textbezug zum zugrundeliegenden Choral nicht die Rede sein kann. Der Cantus firmus wird quasi abstrakt, d.h. als Bezugsachse bzw. Ausgangsmaterial behandelt: Bezeichnend ist in dieser Hinsicht schon die eröffnende und das Schlußwort sprechende *Toccata*, in welcher Distler mit der ersten (= vierten) Choralzeile und innerhalb dieser schon mit den Grundelementen „spielt", sie herauslöst und – verselbständigt – einer autonom-musikalischen Entwicklung bzw. Fortzeugung unterwirft; die *Variationen* gebrauchen den Cantus firmus als Bezugsachse und auch als gegebene Formung, anhand welcher bzw. in Kontrast zu welcher kontrapunktische Verfahrensweisen und spielerische Fertigkeiten gezeigt werden können; die *Chaconne* schließlich beschränkt sich strikt auf die erste Choralzeile als Bezugspunkt und Fundament der darüber ablaufenden Bildungen, verläßt sie dann aber vorübergehend ganz und setzt eine Art melodische Kernbewegung substituierend an ihre Stelle, um erst am Schluß rundend wieder auf sie zurückzukommen.

Außer den Kernintervallen allgegenwärtig ist somit allenfalls der Bittruf *Nun komm, der Heiden Heiland*, doch steht die rein musikalische Seite in eindeutiger Weise im Vordergrund.

Völlig anders verfuhr Distler jedoch in seiner zwei Jahre jüngeren zweiten großen Partita, derjenigen über „Wachet auf, ruft uns die Stimme", in welcher schon aus dem Ruf des Textes *Wachet auf* deutende und verlaufsbestimmende Energie erwächst. Daß in dieser Partita dem *Text mit einer unheimlichen Konsequenz zuleibe* gegangen wird, stellte schon Werner Bieske fest. Wie er zeigen konnte, lassen sich die drei Formteile *Toccata*, *Bicinium* und *Fuge* auf Strophen des Liedes beziehen.[11]

Gewahrt bleibt in allen drei Formteilen der Cantus firmus als Ganzes, als in sich geschlossener Sinnzusammenhang und Formverlauf. Die Barform AAB liegt der eröffnenden *Toccata* ebenso zugrunde wie dem *Bicinium* und der tänzerischen *Fuge* (die in einen Toccatenschluß übergeht). Zwar lösen Abschnitte des Chorals auch hier Verselbständigungen, Umspielungen und insistierende Motivfortzeugung aus, doch dominiert immer – wie bei den erwähnten, isoliert noch vor dem ersten Erscheinen des Cantus firmus auftretenden Rufmotiven in der Eingangs-*Toccata* – der Eindruck einer von der Inhaltsebene her gesteuerten und begründeten Verlaufs- und Motiverfindung.

In der erregten Spannung, die diese Partita im besonderen, das Werk Distlers aber auch insgesamt als Wesensmerkmal auszeichnet, schlägt sich die innere Anteilnahme, die mitteilen will, unverstellt und direkt faßbar nieder. Mehr als die äußerlich benennbaren Charakteristika seiner Tonsprache – die Verwendung kirchentonaler Skalen, Reperkussionsmelodik,[12] die als *Kennzeichen einer robusten, rücksichtslos unbekümmerten Stimmführung* angesehene Schärfung von Linien durch Quint- und Quartparallelen,[13] Gespanntheit des Rhythmus, Bevorzugung der Polyphonie, nicht eigentlich neue, stets überschaubare Formen – sind es solche den Bestandteilen des Satzes immanente Wesenszüge, die der Musik Hugo Distlers ihre spezifische Lebendigkeit und Intensität verleihen. Aus dem Textbezug sich herleitende und mitunter nur aus seiner Kenntnis heraus begründbare Verfahren (wie die Nutzbarmachung von Figuren) oder sich nur der analytischen Betrachtung erschließende Feinheiten wie das Durchbrechen der ansonsten strikt gewahrten Stimmigkeit[14] verlei-

---

[11] Werner Bieske, „Die Orgelwerke Hugo Distlers", in: Musik und Kirche XXXIII (1963), S. 177–181; hier S. 179f

[12] vgl. hierzu Franz Kessler, „Merkmale des Distlerschen Orgelstils, dargestellt an seinen kleinen Orgelchoralbearbeitungen", in: Musik und Kirche XXXIV (1964), S. 171–178; insbesondere S. 176f

[13] H. Distler, Funktionelle Harmonielehre, Kassel u. Basel o.J. (1940/41), S. 6. Ein extremes Beispiel paarig in parallelen Quinten geführter Stimmen findet sich in Teil III der Motette „Singet dem Herrn ein neues Lied" op. 12 Nr. 1 (S. 9)

[14] z.B. im Choral der Motette „In der Welt habt ihr Angst" (s. Seite 66) und in der Choralbearbeitung „Ach wie flüchtig" (s. Seite 77); weitere Beispiele finden sich in der Fuge der zweiten besprochenen Motette

hen der Musik eine darüber hinausreichende Tiefenschicht. Sie trägt und übersteigert das Komponieren Distlers, das aus der gegebenen Funktion erwächst, Deutung vollzieht und in letzter Instanz der Verkündigung dienen will. Klarheit (nicht Nüchternheit!) im Gebrauch der Mittel und eine des Ekstatischen fähige Durchdringung der Substanz verbinden sich in seiner Musik wie in den letzten Takten der *Toccata* aus der Partita „Wachet auf, ruft uns die Stimme“:

Stefan Pontz

HUGO DISTLERS WELTLICHES VOKALWERK MIT BESONDERER BERÜCKSICHTIGUNG DES „„MÖRIKE-CHORLIEDERBUCHES“

Überblick

Obwohl Hugo Distler sich immer wieder als Kirchenmusiker bezeichnete, komponierte er zeit seines Lebens Vokalmusik über weltliche Texte. Er beginnt mit „Drei Liedern nach Gedichten von Paul Brockhaus für tiefe Frauenstimme und Klavier“ (1931) und endet mit der „Kleinen Sing-und Spielmusik“. Dazwischen liegen die zwei Kantaten für Soli, Chor und Orchester „An die Natur“ und „Das Lied von der Glocke“ und die zwei Chorliederbücher „Neues Chorliederbuch“ und „Mörike-Chorliederbuch“. Darüber hinaus schrieb er zahlreiche Liedsätze und die Kantate für hohen Baß und Kammerorchester „Lied am Herde“. Posthum veröffentlicht wurde die „Kleine Sommerkantate“ für zwei Soprane und Streichquartett.

Von diesen Werken konnte sich im Konzertrepertoire nur das Mörike-Chorliederbuch durchsetzen, die anderen Werke sind weitgehend in Vergessenheit geraten. Woran das liegt, vermag ein Blick in das Notenbild allein sicher nicht zu erklären, da Satztechniken und Klanglichkeit im wesentlichen schon in den frühen Werken ausgeprägt sind. Wohl hat Hugo Distler den Einsatz der kompositorischen Mittel stets verfeinert, doch ist der stilistische Unterschied zwischen den frühen und den späten Werken nicht so groß, daß damit das Verschwinden aus den Konzertprogrammen erklärt werden könnte. Sicher spielt hier die Qualität und Thematik der Texte eine wesentliche Rolle: Hugo Distler vertonte sehr häufig Texte von ihm persönlich bekannten Dichtern, die heute vergessen sind. Paul Brockhaus, Franz Bayer (Kantate „An die Natur“), Heinz Grunow („Neues Chorliederbuch“) und Fritz Diettrich („Lied am Herde“) kennt heute nur noch der Spezialist.

Der Kantatentext „An die Natur“ oder die „Bauernlieder“ (Heft 1 des „Neuen Chorliederbuches“) sind zudem mit ihrem „Blut- und Boden“-Geruch dem heutigen Hörer nur schwer zugänglich. Die enge Verbindung von Wort und Musik bei Hugo Distler macht es aber unmöglich, über den

Text hinwegzuhören. Die Gedichte von Eduard Mörike dagegen gehören zum klassischen Bestand der deutschen Lyrik und sind von zeitloser Thematik erfüllt.

Satztechniken bei Hugo Distler

Linearität und Klanglichkeit

Hugo Distlers Satztechnik ist linear angelegt; dabei erhebt sich die Frage, was eigentlich unter dem Begriff „linearer Satz" zu verstehen ist. Ernst Pepping, ein Hugo Distler geistesverwandter Komponist, beschreibt die Regeln für den linearen Satz in seinem Buch „Der polyphone Satz".[1]

Grundlegend ist der Gedanke, daß nicht Akkordfolgen, sondern Intervallkonstellationen den Satz bestimmen, also der Wechsel von Dissonanz und Konsonanz. Dabei ist die Dissonanz nicht der Konsonanz als deren Vorstufe untergeordnet, wie es etwa beim Vorhalt der Fall ist, sondern ein eigenständiger Wert. Die Dissonanzen (Septime, Sekunde, Quarte und eingeschränkt auch die Sexte) werden dabei nach den traditionellen Regeln der Einführung und Auflösung gehandhabt, jedoch in sehr freier Weise. Am besten läßt sich dies in den zweistimmigen Sätzen des Mörike-Chorliederbuches beobachten, z.B. in der zweiten Fassung von „Frage und Antwort" für Männerchor.

Distler verwendet die alten Kadenzklauseln aus dem 15. und 16. Jahrhundert sehr häufig. Sie sind aus dem Prinzip des Wechsels von Konsonanz und Dissonanz zu verstehen.

Zwei weitere Kernsätze Ernst Peppings erweisen sich für stärker besetzte Stücke als bedeutsam: 1. Bei entsprechender Satzstruktur kann jede Dissonanz konsonant werden. Konsonant heißt: der im strengen Sinn

[1] Pepping, Ernst, Der polyphone Satz I. Der cantus-firmus-Satz, Berlin 1943. Von Hugo Distler selbst gibt es zwar eine „Funktionelle Harmonielehre" (1940/41), aber keine eigentliche Satzlehre.

dissonante Ton verliert seine Strebewirkung, der Klang ruht in sich. 2. Bei steigender Stimmenzahl steigt die Wirkung des Akkordes als Klangganzes. Die Bedeutung der Linie der Einzelstimme geht dementsprechend zurück.

Hier gilt es einen Blick auf die Klanglichkeit Hugo Distlers zu werfen. Wie er selbst ausdrücklich bestätigt hat,[2] komponiert er tonal, jedoch nicht im Sinne traditioneller Funktionsharmonik. Seine Klangwelt entspricht etwa der in Paul Hindemiths Tonsatzlehre[3] beschriebenen, die neben traditionellen Akkorden (Dreiklänge, Septakkorde) auch alle anderen möglichen Klangbildungen auf der Grundlage des chromatischen Tonsystems erfaßt. Durch die Einbeziehung traditioneller Formeln und Klangfolgen aus kirchentonaler Harmonik, z.B. V. Stufe in Moll vor I. Stufe in Dur, erscheint vor allem die Chormusik Hugo Distlers klanglich weit gemäßigter als die Musik Paul Hindemiths. Ja man könnte sogar versuchen, die Harmonik Hugo Distlers funktional zu bestimmen und wird oft zu annehmbaren Lösungen kommen. Aber man muß dabei das System sehr strapazieren, um dann doch bei reinen Quartenschichtungen auf unüberwindliche Schwierigkeiten zu stoßen.

Als Beispiel für einen klanglich geprägten Satz sei „Ich brach drei dürre Reiselein“ aus dem ersten Heft des „Neuen Chorliederbuches Op. 16“ betrachtet. Das „Neue Chorliederbuch“ ist folgendermaßen aufgebaut:

Heft 1 „Bauernlieder“
Heft 2–3 „Minnelieder“
Heft 4–7 „Kalendersprüche“
Heft 8 „Fröhliche Lieder“

Die Texte der Hefte 1–7 stammen von Heinz Grunow, einem Wolfenbütteler Rechtsanwalt, der viele Lied- und Kantatentexte für die Komponisten der Jugendmusikbewegung gedichtet hat. Heft 8 enthält Texte von

[2] Distler, Hugo, Funktionelle Harmonielehre, Kassel, Basel o. J., S. 5: *Atonalität ist naturwidrig.*
[3] Hindemith, Paul, Unterweisung im Tonsatz, Mainz 1940

Abraham a Sancta Clara, Valentin Rathgeber und einem unbekannten Dichter. Stilistisch ist kein allzu großer Bruch zu spüren, da sich Heinz Grunow an älterer deutscher Dichtung orientiert. Jedoch verherrlicht und mystifiziert er vielfach in heute nicht mehr verständlicher Weise den Bauernstand in den „Bauernliedern“ und in den „Kalendersprüchen“. Hier ist die „Blut- und Boden“-Mentalität zu spüren, die wohl für das Verschwinden dieser Stücke aus den Konzertprogrammen verantwortlich zu machen ist. Die „Kalendersprüche“ sind ein Zyklus von je zwölf – neu gedichteten – Bauernregeln und Kalendersprüchen einschließlich einer dreizehnten Regel als Beschluß. Im Gegensatz zu den Bauernregeln, die quasi als Ritornell stets im gleichen Satz gesungen werden, sind die Kalendersprüche individuell vertont. Alle anderen Hefte enthalten Einzelsätze, die in keinem inneren Zusammenhang stehen.

„Ich brach drei dürre Reiselein“ ist eines der wenigen Stücke aus dem „Neuen Chorliederbuch“, die sich noch in neu zusammengestellten Chorbüchern finden. Zu dem volksliedhaften Gedicht zum Fest der heiligen Barbara schrieb Hugo Distler einen schlichten vierstimmigen Satz.

Das Pendeln des Basses zwischen f und c in den Zeilen eins und drei des Gedichtes für sich allein genommen, ließe vermuten, daß der Satz schwerfällig zwischen darüber aufgebauten Dreiklängen einherstampft. Doch weit gefehlt: erst am Ende der zweiten Verszeile erklingt ein C Dur-Dreiklang, bzw. am Ende der dritten ein c Moll-Dreiklang. Über dem c steht sonst immer ein Quartsextakkord. Welcher Typ von Quartsextakkord sollte das nach den Regeln der funktionalen Harmonielehre sein? Damit ist er nicht zu erfassen, er steht als klangliches Ereignis eigener Qualität. Über dem f erklingen in T. 1 und T. 5 dissonante Klänge, die man funktional als Vorhaltsklänge deuten könnte. Doch widerspricht die mit dem Begriff des Vorhalts verbundene Zielstrebigkeit dem Charakter des Pendelns, der in diesen Zeilen durch den Baß vorgegeben wird. Auch der Begriff der Dissonanz paßt nicht recht zu dem zart schwebenden Klangcharakter des Stückes. Diesen erreicht Distler eben durch die Unbestimmtheit der Akkorde, die aber durch das Pendeln des Basses zwischen zwei Tönen in einen festen tonalen Bezug gebracht sind. Den besonderen Reiz des Stückes macht aus, daß der tonale Rahmen der ersten drei Verszeilen in der vierten mit der Kadenz nach g verlassen wird. Im Text heißt es in der zweiten Strophe: *Da ward das Wunder wach.* Auch in den anderen Strophen ist eine Besonderheit zu vermerken, sei es, daß das

Subjekt wechselt (1. Strophe), oder ein Vergleich mit einer anderen Sphäre gezogen wird (4. Strophe). Ein derartiges Eingehen auf Struktur und Inhalt des Textes hat Distler dann im Mörike-Chorliederbuch zu einer wahren Meisterschaft entwickelt.

In diesem ist ein ähnlich schlichter Satz, nämlich „Ein Stündlein wohl vor Tag" enthalten. Die zarten Klänge entstehen hier noch weniger aus der Homophonie, denn die vier linear erfundenen Stimmen sind eigentümlich ineinander verwoben. Mosaikartig setzt sich nämlich das Partiturbild aus folgenden drei kleinen Motiven zusammen:

a) die Dreiklangsbrechung, vorzugsweise nach unten: z.B. Sopran T. 1
b) die Tonumspielung, ein Pendelmotiv: z.B. Tenor T. 1 + 2
   Daraus kann sich der Sekundschritt abspalten und sequenzartig wiederholen, z.B. Sopran T. 3 + 5
c) der Tonleiterausschnitt: z.B. Baß T. 1–2

Geht man die einzelnen Stimmen nach diesen Motiven durch, sieht man, daß die Motive ineinander verschachtelt sein können und sich nicht unbedingt an die Grenzen der Verszeilen halten, z.B. Sopran T. 7–9 und 8–11. Alle Stimmen sind an diesem Verarbeitungsprinzip gleicherweise beteiligt. Dabei ergeben sich sogar kleine Imitationen: z.B. imitiert der Tenor in den Takten 6–9 den Baß der Takte 3–6, der gleichzeitig das gleiche Motiv a) eine Terz tiefer wiederholt. Solche Parallelgänge sind ein weiteres Strukturmittel in diesem Satz. Schließlich kommt auch die Kombination eines Motivs mit seiner Umkehrung vor: am deutlichsten zwischen Alt und Baß T. 16–18.

Die Verwobenheit und Gleichberechtigung aller Stimmen in diesem Motivmosaik bewirkt den duftigen Klangeindruck. Vor allem wird der Baß von seiner üblichen harmonischen Funktion befreit, so daß die wuchtige Schwere, die damit verbunden ist, vermieden und die Wirkung des Schwebens erreicht wird. Zudem liegt der Tenor häufig unter dem Baß, auch das ein typisches Kennzeichen linearer Satzgestaltung.

Die relative Unbestimmtheit der Klanglichkeit steht natürlich in Zusammenhang mit der Übergangsstimmung zwischen Nacht und Tag, Traum und Wirklichkeit, die bei Eduard Mörike so häufig auftritt.

Das Zusammensetzen des Satzes aus kleinen Bestandteilen könnte man auch Bausteinprinzip nennen. Es läßt sich auf Schritt und Tritt beobachten. In „Laß, o laß“, dem zweiten Stück aus dem zweiten Heft der „Minnelieder, Neues Chorliederbuch Op. 16, 3“, ist in den ersten acht Takten jeder Stimme ein bestimmter Tonraum zugeteilt, innerhalb dessen

Hugo Distler

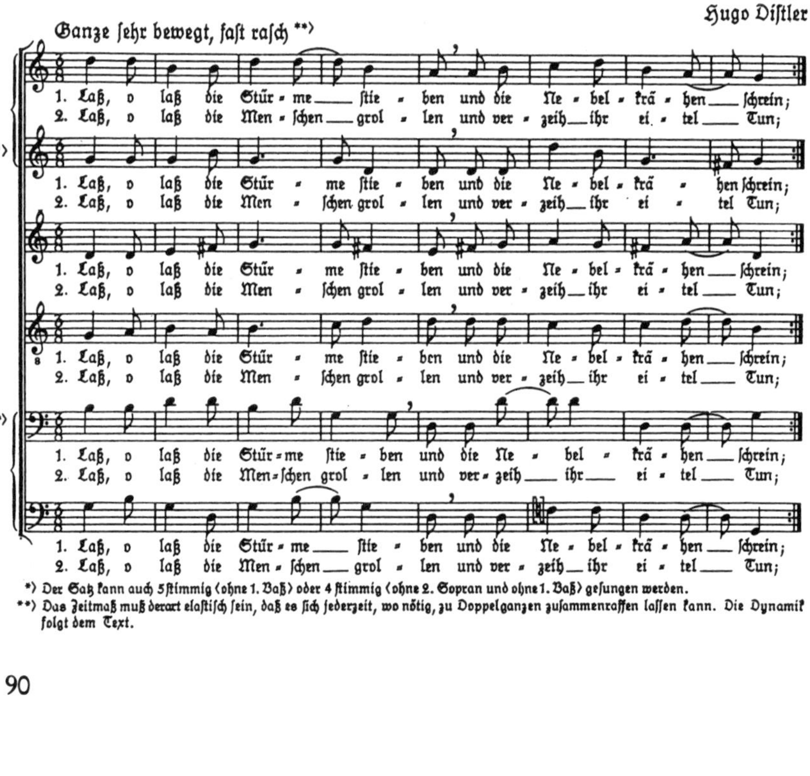

*) Der Satz kann auch 5stimmig (ohne 1. Baß) oder 4stimmig (ohne 2. Sopran und ohne 1. Baß) gesungen werden.
**) Das Zeitmaß muß derart elastisch sein, daß es sich jederzeit, wo nötig, zu Doppelganzen zusammenraffen lassen kann. Die Dynamik folgt dem Text.

sie sich bewegt: dem ersten Sopran der Fünftonraum über g, ebenso dem Tenor; dem Alt der Fünftonraum über d mit fis, das nur im Alt auftaucht. Der zweite Baß bewegt sich im G Dur-Dreiklang, zu dem das f tritt. Die enge Begrenzung der Tonräume macht es möglich, die Stimmen problemlos zu kombinieren, ja sogar noch zwei zusätzliche Stimmen einzufügen: einen zweiten Sopran und einen ersten Baß. Beide bewegen sich im G Dur-Dreiklang. Ursprünglich ist der Satz von Hugo Distler schon sechsstimmig angelegt, doch gibt er in den Fußnoten an, daß der Satz auch fünf- bzw. vierstimmig gesungen werden kann: eben ohne ersten Baß und zweiten Sopran.

Das Montageverfahren aus verschiedenen Bausteinen wird damit handgreiflich. Innerhalb solcher Tonräume bewegen sich die Stimmen in kleinen Motiven, die aufgrund ihres elementaren Charakters oft miteinander verwandt sind.

Wenn der Zusammenhang es verlangt, kombiniert Hugo Distler aber auch dissonante Tonräume, so in „Tochter der Heide" im „Mörike-Chorliederbuch" bei der Stelle *Er hat die stolze Ruth gefreit.*

Der erste Sopran singt Wendungen, die nach E Dur zu gehören scheinen, der zweite im fis Moll-Dreiklang, der Alt in D Dur, der Tenor im A Dur-Dreiklang, und der Baß kreist mit Leittönen von oben und unten die Quart cis - fis ein. Eine echt polytonale Stelle, auch wenn sich am Schluß alle Stimmen im gemeinsamen cis finden.

Der Begriff Baustein impliziert eine gewisse Kleingliedrigkeit, die bei Hugo Distler in der Tat vorherrscht. Durch weitgehende Syllabik bringt er die Länge der Vers- und Melodiezeilen zur Deckung, verzichtet dabei aber auf die Entwicklung großer melodischer Bögen. Das ist der Preis für die große Textnähe, die Hugo Distler in einer Vertonung sucht, die vom gesprochenen Wort ausgeht. Als Frucht erntet er eine für Chormusik ungewöhnlich gute Textverständlichkeit.

In manchen Sätzen, in denen die Sprache einen großen Bogen spannt (z.B. „Um Mitternacht“ im „Mörike-Chorliederbuch“), oder in jenen, die im Gegensatz zu den bisher besprochenen eine echte Liedmelodie aufweisen, kommt aber auch seine melodische Erfindungskraft zur vollen Entfaltung. Die Liedmelodie kann dabei auf mehrere Arten behandelt sein: 1. Sie ist Oberstimme eines mehrstimmigen Satzes. Dieses Verfahren ist bei Hugo Distler vor allem anzutreffen in den Liedsätzen über alte Weisen und wenn das „Lied“ von einem Vorsänger angestimmt wird, z.B. bei den „Bauernregeln“ im Zyklus der „Kalendersprüche“ im „Neuen Chorliederbuch“. Ein seltener Ausnahmefall ist „Jedem das Seine“ aus dem „Mörike-Chorliederbuch“. Hier liegt der in Chormusik wirklich außergewöhnliche Fall einer Melodie mit Begleitung vor. 2. Selten ist auch die Verwendung einer Liedmelodie als Grundlage einer Chorvariation. Ein besonders schönes Beispiel ist „Der Knabe und das Immelein“ aus dem „Mörike-Chorliederbuch“. 3. Die Liedmelodie wird als cantus firmus in der Art des 16. Jahrhunderts behandelt. Hier ist das Zurückgehen auf historische Vorbilder, das Hugo Distler bewußt übt, in der weltlichen Chormusik deutlich erkennbar. In „Denk' es, o Seele“, ebenfalls aus dem „Mörike-Chorliederbuch“, liegt der cantus firmus allerdings im Alt, was im 16. Jahrhundert undenkbar wäre. Ganz typisch dagegen ist das Tenorlied „Der Maie“ in der fünften Folge des „Neuen Chorliederbuches,

Kalendersprüche II". Im ersten Teil singt der Tenor eine Melodie, die wie eine alte Melodie gestaltet ist.

Die anderen Stimmen imitieren die Anfänge der einzelnen Melodiezeilen, dabei liegen ihre Einsätze zum Teil vor, zum Teil hinter dem Cantus-firmus-Einsatz. In der zweiten Strophe wandert die Melodie - diminuiert - in den Sopran. Damit wandelt sich allerdings das Satzbild vom imitatorischen in den homorhythmischen Satz. Dieses Beispiel schlägt die Brücke zu einer weiteren Satzart, zur imitatorischen.

Imitatorische Satzarten

Die lineare Ausrichtung der imitatorischen Schreibweise versteht sich von selbst. Diese Satztechnik hat aber auch unterschiedliche Ausprägungen entwickelt. Als strengste Form gilt der Kanon, der dreimal im „Mörike-Chorliederbuch" a-cappella auftritt. Ein weiteres Beispiel stellt die „Kleine Sommerkantate" dar: Zwei Soprane singen einen Kanon, der von Instrumenten begleitet und mit einem Ritornell eingerahmt wird.

Die Durchimitation ist die nächst strengere Ausprägung. Ihr Prinzip besteht darin, daß für jede Zeile des Textes ein Thema gebildet wird, das dann durch alle Stimmen in aufeinander folgenden Einsätzen wandert. Beispiel hierfür war das Tenorlied „Der Maie", später wird „Um Mitternacht" aus dem „Mörike-Chorliederbuch" eingehend besprochen.

Beide genannten strengen Satzarten sind relativ selten, da sie die Struktur einer Komposition sehr festlegen. Weit häufiger dagegen verwendet Hugo Distler zwei andere Spielarten imitatorischer Satzart: einmal das - oft sequenzierende - imitatorische Sich-Jagen mehrerer Stimmen, das zur Steigerung und an dramatischen Stellen des Textes eingesetzt wird. (Beispiele dafür gibt es im „Mörike-Chorliederbuch" fast in jedem zweiten Stück; hervorgehoben seien die Stellen *hinterm Berg* aus dem Refrain des „Feuerreiters" und *Wer hat's euch geheißen* aus der „Ritterlichen Werbung". Beiden ist gemeinsam, daß in großer und steigender Erregung Rufe wiederholt werden, daher die Kürze und oftmalige Repetition des bausteinartig aneinander gesetzten Motives.)

Zum anderen greift Hugo Distler gerne zurück auf das für das Chorlied des 19. Jahrhunderts typische Vortäuschen einer durchgehend polyphonen Stimmführung durch ein oder zwei imitatorische Einsätze, bzw. versetzte Einsätze, denen oft nicht viel mehr als der Rhythmus oder ein

Intervall gemeinsam ist. Beispiele hierfür sind der Anfang des „Vorspruchs“ zum „Mörike-Chorliederbuch“, „Jung Volker“ ebendaraus und das Ritornell aus dem Kalenderspruch zum April aus dem Zyklus der „Kalendersprüche“ im „Neuen Chorliederbuch“. Die Liste ist bei weitem nicht vollständig. In letztgenanntem Beispiel werden aus den vorhandenen fünf Stimmen durch Kombination verschiedene zwei- bis dreistimmige Chöre gebildet, die sich dann insgesamt imitatorisch abwechseln.

Die Fälle, in denen eine bestimmte Satzart ein ganzes Stück beherrscht, sind bei Hugo Distler ziemlich selten. Meistens wechselt er die Satztechnik in Abschnitten, die vom Text durch Verszeilen oder Sinnzusammenhänge vorgegeben sind. So folgt etwa einem imitatorischen Abschnitt einer im Blocksatz, der dann wieder durch einzelne imitatorische Einsätze aufgelockert wird usw. Dieses Verfahren war schon im 16./17. Jahrhundert in der Motetten- und Madrigalkomposition entwickelt worden und ist der Chorkomposition besonders angemessen.

Spezielle chorische Kompositionstechniken

In Distlers Werk sind noch einige weitere spezielle chorische Möglichkeiten zu finden: Mehrchörigkeit, das Chor-Unisono und die Einbeziehung von Sologesang.

Das Unisono eines Chores ist von besonderer Wucht und Dramatik, wenn es entsprechend sparsam verwendet wird. Im „Feuerreiter“ trägt es einen Großteil des Stückes (s. S. 102).

Mehrchörigkeit verwendet Hugo Distler in seiner weltlichen Chormusik vor allem mit unterschiedlichen Klanggruppen, sei es durch die Teilung in Männer- und Frauenchor oder in einen Haupt- und einen geringstimmigeren Fernchor als „Echo“. In „Lebewohl“ aus dem „Mörike-Chorliederbuch“ wiederholt der Männerchor statisch dieses Wort, das nur in der Erinnerung wieder anklingt. Dem Frauenchor sind die erregten Gefühlsäußerungen zugeteilt, die die Erinnerung an dieses Wort auslöst. Einen Fernchor setzt Hugo Distler in den „Kalendersprüchen“ zum September und zum November ein. Im „September“ gliedert der Chor den Spruch in verschiedene Abschnitte mit einem *Halali*, das als Echo einer vorüberziehenden Jagd zu hören ist. Im „November“ kommentiert der Fernchor die Aussagen des Hauptchores mit einem Refrain. Nur einmal, in der zweiten Fassung des „Sommerlichen Liebesliedes“, Heft 2,

„Neues Chorliederbuch", schreibt Hugo Distler einen traditionellen Doppelchorsatz.

Solostimmen verwendet Hugo Distler im „Mörike-Chorliederbuch", wenn ihm dies durch den Text geboten scheint. Das ist vor allem dann der Fall, wenn eine oder mehrere Strophen oder Textteile so dialogisch angelegt sind, daß sich eine Hervorhebung durch eine Solostimme sinnfällig ergibt. Beispiele dafür sind das „Lied vom Winde", „Erstes Liebeslied eines Mädchens" und „An Philomele". Bezeichnenderweise ist das entsprechende System nie mit *Solo* überschrieben, sondern mit *Einzelstimme* oder *Vorsänger.* Das „Handwerkerlied" im „Mörike-Chorliederbuch" und die „Serenade" in Heft 8 des „Neuen Chorliederbuches" stellen mit dem Wechsel von Vorsänger und Chor die Situation eines alten Rundgesanges nach. Der Vorsänger in den „Bauernregeln" des „Neuen Chorliederbuches" hat dagegen mehr die Aufgabe, wirklich die Melodie vorzusingen, die dann der allgemeine Chor mitsingt .Hier ist in der Komposition bereits die Situation des Offenen Singens berücksichtigt, wie es von der Jugendmusikbewegung, vor allem von Fritz Jöde, geübt wurde. Hugo Distler hatte ja gute Kontakte zur Jugendmusikbewegung und zu Fritz Jöde.

Hugo Distlers Instrumentalsatz im Verhältnis zum Vokalsatz

Hugo Distlers Instrumentalsatz ist gekennzeichnet von vielen ostinaten Wendungen und stufenweisen Klangrückungen. Zugleich ist er von einer sehr motorischen Rhythmik geprägt. In manchem scheint Hugo Distler hier Carl Orff verwandt zu sein. Man wird kaum große thematische und harmonische Entwicklungen finden wie in der klassisch-romantischen Sinfonik. Dagegen spürt man die anregende Kraft des Barock, worauf Formen wie Ritornelle, Fugati etc. hinweisen. Es wird zwar mit den Motiven gearbeitet, aber eben nicht im Sinne einer Entwicklung wie bei der Wiener Klassik, sondern als Variationsverfahren.

Will man eine generelle Aussage treffen über das Verhältnis von Vokal- und Instrumentalsatz, muß man zwischen Chor- und Solosatz unterscheiden. Treten zum Chor Instrumente, so ordnen diese sich weitgehend dem Chor unter. Sie geben einen klanglich-motorischen Untergrund, spielen zum Teil die Chorstimmen mit oder ein aus dem Chorsatz abgeleitetes Ritornell. Besonders deutlich ist dieses Verfahren in der „Kantate an die Natur", I. und IV. Satz, zu beobachten. Auch in den Sätzen mit Chor des „Liedes von der Glocke" und in der „Kleinen Sing- und Spielmusik" ist der Instrumentalsatz vom Chorsatz abhängig.

Im Untertitel der „Kleinen Sing- und Spielmusik": „Variationen über das Lied ‚Wo soll ich mich hinkehren'", kommt schon zum Ausdruck, daß eine Liedmelodie, also etwas Vokales, die Grundlage der Komposition bildet. Die Struktur der Liedmelodie bestimmt nämlich durchgehend die einzelnen Variationen.

Die Komposition über „Das Lied von der Glocke" hat folgenden Aufbau:

Nr. 1	Einleitungssinfonie
2	Meisterspruch I
3	Solokantate
4	Meisterspruch II
5	Chorkantate I
6	Meisterspruch III
7	Soloszene I
8, 10, 12, 14, 16, 18	Meistersprüche IV–IX
9, 11, 13, 15, 17	Soloszenen II–VI
19	Chorkantate II
20	Meisterspruch X

Die Meistersprüche sind alle gleich vertont, wie ein Ritornell kehrt diese Musik wieder. In den Kantaten allein findet eine musikalisch breitere Entfaltung statt, ansonsten steht die Rezitation im Vordergrund. In den solistischen Stücken ist der instrumentale Anteil größer, obwohl wegen des gewaltigen Umfanges des Textes die Rezitation musikalisch nicht sehr intensiv untermalt ist. Zu fragen ist, ob dieses Verfahren dem hochdramatischen Inhalt der Ballade Friedrich Schillers ganz gerecht werden kann.

In den wenigen Werken für Sologesang und instrumentale Begleitung liegt der Akzent viel stärker auf der rein instrumentalen Konzeption, z.B. in den frühen „Drei Liedern nach Gedichten von Paul Brockhaus für tiefe Frauenstimme und Klavier" und in der Solokantate „Lied am Herde" von 1941. Gerade in diesem Werk hat Hugo Distler die Gleichberechtigung beider Wurzeln des Musizierens – instrumentales Spiel und vokale Textdarstellung – erreicht.

Zum Mörike-Chorliederbuch

Das „Mörike-Chorliederbuch" ist in drei Teile gegliedert. Der erste Abschnitt umfast 24 Kompositionen für gemischten Chor, der zweite und dritte für Frauen- bzw. Männerchor je 12 Stücke. Eröffnet wird das ganze Buch mit einem „Vorspruch" über ein von Eduard Mörike überliefertes Lob auf die Musik. Das gesamte Werk läßt inhaltlich keinen zyklischen Aufbau erkennen, da die Vertonungen von 39 Gedichten Eduard Mörikes in bunter Reihe folgen. Zu einigen Gedichten hat Hugo Distler mehrere Sätze geschrieben.

Auffallend ist der große Formenreichtum, den der Komponist hier entwickelt. Von durchkomponierten Liedern über Chorvariationen und variierten Strophenliedern bis hin zu Strophenliedern mit oder ohne Refrain und Abgesang reicht das Spektrum. Dabei sind die Formen im einzelnen durch den Einsatz der verschiedensten Satztechniken sehr unterschiedlich gestaltet.

Man sieht das auch an der großen Spannweite der Besetzungen: Sie reicht von einfachen zweistimmigen Sätzen bis zum neunfach aufgeteilten Chor. Damit sind natürlich auch alle Schwierigkeitsgrade in der Chormusik enthalten. So ist es durchaus gerechtfertigt, vom „Mörike-Chorliederbuch" als einer *Hohen Schule des Chorgesanges* zu sprechen, wie Norbert Hampel es tut.[4]

Trotz aller Vielfalt lassen sich zwei Tendenzen in der Behandlung der Gedichte Eduard Mörikes feststellen:

1. Die Vertonung als einfaches Chorlied, zum Teil mit deutlichen Anklängen an das deutsche Volkslied des 15./16. Jahrhunderts (z.B. „Denk' es, o Seele"). Bei dieser Art der Sprachbehandlung steht die Liedhaftigkeit im Vordergrund, also eine Strophigkeit, bei der Deklamation und Satzgestaltung nicht den Einzelheiten des Gedichtes nachspüren, sondern die Grundstimmung des Gedichtes zu treffen suchen. Nicht zufällig sind die meisten Gedichte, die Hugo Distler so vertont, von Eduard Mörike im Volksliedton gestaltet. Eines der schönsten Beispiele für diese Gruppe ist das schon erwähnte „Ein Stündlein wohl vor Tag".

[4] Hampel, Norbert, Hugo Distlers Mörike-Chorliederbuch, in Der Chor IV, Oldenburg, August 1949, S. 51f

2. In Vertonungen wie „Der Feuerreiter“ und „Um Mitternacht“, die im folgenden für diesen Typus stellvertretend besprochen werden, entwickelt Hugo Distler eine neue Art der Sprachbehandlung. Nicht die ausdrucksmäßige Schilderung des Gedichtinhaltes durch die Musik steht im Vordergrund, sondern das Einfangen einer gesprochenen Rezitation mit musikalischen Mitteln. Bei Eduard Mörike spiegelt sich in vielen Fällen Ausdruck und Inhalt eines Gedichtes sehr genau in der Sprachgestalt wider. Eine gesprochene Rezitation muß von dieser ausgehen. Nichts anderes tut Hugo Distler, wenn er Sinnbetonung und Versmaß, Satzzusammenhang und Zeilengliederung zugleich berücksichtigt und mit musikalischen Mitteln gleichsam eine gesprochene Rezitation festhält.

An dieser Stelle muß noch die Rhythmik Hugo Distlers betrachtet werden. Sie ist von einer besonderen Lebendigkeit gekennzeichnet, da zahlreiche Taktwechsel, hemiolische Bildungen und Synkopen zu einem ständigen Widerstreit zwischen Rhythmus und Metrum führen. Um dem gerecht zu werden, experimentierte Hugo Distler mit verschiedenen Notierungsweisen: Das geht von verschiedenen Taktvorzeichnungen für jede Stimme, z.B. in der „Weihnachtsgeschichte“, bis zum Mensurtaktstrich zwischen den Notenzeilen, den er schließlich im „Mörike-Chorliederbuch“ verwendete (siehe S. 109). Dieser erlaubt sowohl eine Koordination des Chorsatzes als auch größtmögliche rhythmische Freiheit für die einzelne Stimme. Der tatsächliche Rhythmus der einzelnen Stimme geht oft gegen das vorgezeichnete Metrum. Wie aus einer Anmerkung im „Neuen Chorliederbuch“[5] hervorgeht, sind diese Bildungen als echte Takte, nicht als Synkopen zu verstehen; die Rhythmik ist also eher im Sinne der freischwebenden Rhythmik der Mensuralmusik aufzufassen, denn als taktgebunden.

Grundsätzlich ist diese Art der Rhythmik nicht aus der Sprache abgeleitet, jedoch stellt Hugo Distler sie genial in den Dienst derselben. Er benutzt die verschiedenen rhythmischen Werte, um bestimmte Silben hervorzuheben, bei Enjambements die Zeilengliederung zu überspielen – überhaupt um dem Sprachfluß gegen das starre Schema des Versmaßes zur Eigenständigkeit zu verhelfen. Die Vorgabe eines Taktes gibt dabei doch einen Orientierungsrahmen im Hinblick auf das Versmaß. In manchen Fällen läßt sich jedoch auch ein direkter Bezug zwischen Wortgestalt

[5] Distler, Hugo, Neues Chorliederbuch Op. 16, Heft III, Kassel, Basel o.J., S. 2

und Rhythmik feststellen. In dem Gedicht „Verborgenheit" besteht ein wesentlicher Unterschied zwischen der ersten Zeile und den nachfolgenden. In der ersten sind alle Silben etwa gleich lang: *Laß, o Welt, o laß mich sein!* In den weiteren Zeilen haben Hebung und Senkung sehr unterschiedlichen Wert, da auf die Senkungen fast immer abfallende Nachsilben mit dem schwachtonigen e treffen: z.B. *seine Wonne, seine Pein.* Obwohl das Versmaß stets gleich bleibt, schreibt Hugo Distler in der ersten Fassung verschiedene Rhythmen: gleichmäßige Achtelnoten für die erste Zeile und Dreierrhythmen für die folgenden Zeilen (T. 6ff). So setzt er die Wortgestalt in musikalischen Rhythmus um.

Sprachgestalt, Sinnzusammenhang oder Ausdruck sind also die Auslöser für die rhythmische Gestaltung.

Um das Verfahren der musikalisch notierten Rezitation am Beispiel des „Feuerreiters" deutlich werden zu lassen, ist es nötig, kurz den Aufbau des Gedichtes darzulegen.

Der Feuerreiter

Sehet ihr am Fensterlein
Dort die rote Mütze wieder?
Nicht geheuer muß es sein,
Denn er geht schon auf und nieder.
Und auf einmal welch Gewühle
Bei der Brücke, nach dem Feld!
Horch! das Feuerglöcklein gellt:
Hinterm Berg,
Hinterm Berg
Brennt es in der Mühle!

Schaut! da sprengt er wütend schier
Durch das Tor, der Feuerreiter,
Auf dem rippendürren Tier,
Als auf einer Feuerleiter!
Querfeldein! Durch Qualm und Schwüle
Rennt er schon, und ist am Ort!
Drüben schallt es fort und fort:
Hinterm Berg,
Hinterm Berg
Brennt es in der Mühle!

Der so oft den roten Hahn
Meilenweit von fern gerochen,
Mit des heiligen Kreuzes Span
Freventlich die Glut besprochen –
Weh! dir grinst vom Dachgestühle
Dort der Feind im Höllenschein.
Gnade Gott der Seele dein!
Hinterm Berg,
Hinterm Berg
Ras't er in der Mühle!

Keine Stunde hielt es an,
Bis die Mühle borst in Trümmer;
Doch den kecken Reitersmann
Sah man von der Stunde nimmer.
Volk und Wagen im Gewühle
Kehren heim von all dem Graus;
Auch das Glöcklein klinget aus:
Hinterm Berg,
Hinterm Berg
Brennt's! –

Nach der Zeit ein Müller fand
Ein Gerippe samt der Mützen
Aufrecht an der Kellerwand
Auf der beinern Mähre sitzen:
Feuerreiter, wie so kühle
Reitest du in deinem Grab!
Husch! da fällts in Asche ab.
Ruhe wohl,
Ruhe wohl
Drunten in der Mühle!

In allen fünf Strophen des Gedichtes entfallen sieben von zehn Zeilen auf die eigentliche Strophe, drei auf den Refrain. Dieser ist gekennzeichnet durch die wörtliche Wiederholung einer Kurzzeile. Im Verlauf der Strophen bleibt er nicht immer gleich, sondern er stellt lautmalerisch das Feuerglöcklein dar, und folgt genau der Entwicklung des Brandes. In den ersten drei Strophen steigert sich dieser (*brennt → rast*), in der vierten Strophe verlöscht er: die letzte Refrainzeile wird verkürzt auf ein einmaliges *Brennt's*, das *Glöcklein klinget aus*. In dem Vokalwechsel in der fünften Strophe spiegelt sich der Wandel von der Feuerglocke zur Totenglocke: vorher helle, alarmierende Wortklänge (e–i–ü), jetzt dunkle, dumpfe (u–o).[6]

Vom Ausbruch des Brandes in der ersten Strophe erfolgt eine gewaltige Steigerung bis zur dritten, in der das unheimliche Tun des Feuerreiters beschrieben wird. Dieser versucht mit magischer Kraft das Feuer zu bannen. Aufgrund des Frevels, den er mit dem Kreuz begeht, ist er dem Teufel verfallen. Doch wie das Läuten der Totenglocke in der fünften Strophe zeigt, ist er nicht auf ewig verdammt.

Das Versmaß trägt seinen Teil zur Gesamtwirkung bei, da es rhythmisch sehr aufgewühlt ist, obwohl es in allen Strophen gleich bleibt. Das ergibt sich aus dem Zusammenstoß zweier Hebungen beim Zeilenwechsel trotz des gleichzeitigen Enjambements und aus dem ständigen Wechsel der Stellung der Hauptsilben.

Hugo Distler versucht nicht, die zahlreichen Anregungen des Textes in entsprechende musikalische Bilder umzusetzen, wie es etwa Hugo Wolf in seiner Vertonung des Textes tut. Nur im Refrain malt er zunächst die Erregung und dann die Beruhigung, die das Läuten der Glocke auslöst.

[6] vgl. Mundhenk, Alfred, Der umgesattelte Feuerreiter. Eine Studie zu Mörikes Ballade in ihren beiden Fassungen, in Das Wirkende Wort 5, (1954/55), Heft 3, S. 143–149

Die Frauenstimmen werden geteilt und rufen sich imitatorisch (s.o.) mehrmals *hinterm Berg* zu.

Der Zuhörer wird in immer größere Spannung versetzt, bis er endlich durch den Einsatz der Männerstimmen erfährt, was vor sich geht: *Hinterm Berg brennt es in der Mühle!* Noch einmal beginnt das Jagen in den Frauenstimmen, das aber jetzt nach dem drittenmal abbricht. In einem schaurigen übermäßigen Dreiklang erklingt zum letztenmal die dritte Refrainzeile, in allen Stimmen homorhythmisch – als ob die Menschen jetzt vor Entsetzen starr wären, während sie sich gerade noch gegenseitig gewarnt hatten. Im Refrain der vierten Strophe verklingt das Rufen auf dem D Dur-Dreiklang mit großer Septime, ähnlich wie das Feuerglöcklein. In der fünften ist deutlich die dumpfe Totenglocke zu hören in der tiefen Lage des 2. Sopran und 2. Alt. Rhythmisch ist das Motiv nichts anderes als eine Vergrößerung des Feuerglöcklein-Motives. Der Zusammenhang bleibt also gewahrt.

In den eigentlichen Strophen ist die musikalische Gestaltung sehr sparsam. Hugo Distler legt hier größten Wert auf die ausdrucksvolle, rhythmisch prägnante Deklamation. Das Sprechtempo ist erregt, als ob der Erzähler das Geschehen gegenwärtig mitvollzöge. Das schnelle Sprechtempo, das im Gedicht angelegt ist, übernimmt Hugo Distler. Er läßt im Alla-breve-Takt auf Achtel deklamieren und schreibt zusätzlich noch *Recht geschwind* vor. Durch das schnelle Sprechtempo scheint in den ersten vier Zeilen die Textverständlichkeit gefährdet. Diese wird jedoch dadurch gewahrt, daß der Chor unisono singt in dieser Tonfolge

und die Tonwechsel dabei genau zu den Hauptsilben erfolgen, die in jeder Strophe anders stehen. In der fünften Strophe ist die Tonfolge etwas verändert, die Verwandtschaft aber noch deutlich zu erkennen. Mit diesem einfachen, aber genialen Mittel kann Hugo Distler der Sprachstruktur (Sinnakzente, Enjambements) in jeder Strophe genau folgen, ohne die Strophigkeit aufgeben zu müssen. In der zweiten Strophe wird besonders deutlich, wie Distler hier dem Sprachfluß folgt:

Der Ausruf *Schaut*! wird wiederholt, der Satz bis *durch das Tor* zusammengefaßt, trotz des Zeilenwechsels. Beim Komma, nicht beim Zeilenwechsel setzt er das Atemzeichen; die zweite Zeile wird in ihre syntaktischen Bestandteile zerlegt und so vertont. Es entsteht auf der gleichen melodischen Basis wie in der ersten Strophe rhythmisch ein völlig verschiedenes Gebilde, beide sind aber streng geführt von der Sprache.

Die nächsten zwei Zeilen sind in einem vierstimmigen, fast homorhythmischen Blocksatz vertont. Nur der Baß rennt in zwei Takten gegen die gemeinsame Rhythmik an. Die Klänge wechseln zwischen einem

Quint-Oktav-Klang auf H und einem Sekundakkord über fis hin und her, woran sich eine Kadenzwendung nach cis anschließt. Hier ist wegen der Mehrstimmigkeit der Rhythmus stärker festgelegt als im Unisono. Um die Aufregung in den ersten drei Strophen verstärkt darzustellen, wiederholt Hugo Distler Teile des Textes. Dadurch kann er auch die sehr unterschiedliche rhythmische Bauweise der Zeilen fünf und sechs in den einzelnen Strophen besser berücksichtigen, z.B den Ausruf *Querfeldein*! in der zweiten Strophe. Wie sehr ihm an einer guten Sprachgestaltung liegt, erweist auch eine Kleinigkeit: In der ersten und dritten Strophe ist die Silbenanzahl, so wie er den Text bringt, gleich groß, der Rhythmus derselbe. Dennoch verändert er im Alt den Tonleiterausschnitt T. 7 in einen Terzsprung T. 89, um der Betonung auf *Dach-(gestühle)* im Gegensatz zu *(welch Ge-)wühle* gerecht zu werden.

Die siebte Zeile jeder Strophe bringt stets wesentliche Aussagen. Dementsprechend ist sie in jeder Strophe musikalisch anders gestaltet. Im Schlußton cis haben jedoch auch sie stets ein Gemeinsames. In der ersten Strophe ist der Ausruf *Horch*! durch die Wiederholung sprachlich hervorgehoben; musikalisch horcht man durch die Rückung von cis nach d unwillkürlich auf. Das gis führt dann wieder zum cis zurück. In der leeren Oktave gellt dann das Feuerglöcklein wirklich. In der zweiten Strophe wird durch ein kleines Melisma der Ausruf *fort* verstärkt. Spannungsgeladene Intervalle – Tritonus, verminderte Septime – verleihen in der dritten Strophe dem Satz *Gnade Gott der Seele dein*! den entsprechenden Ausdruck. Das Glöcklein in der vierten Strophe klingt wieder auf der leeren Oktave cis aus. In der fünften Strophe ist diese Zeile gänzlich anders vertont, nämlich vierstimmig mit Oktavverdopplungen in den Frauenstimmen. Ein übermäßiger Dreiklang und scharfe Querstände lassen den Schauder beim Erzählen vom Abfallen der Asche hörbar werden. In dieser letzten Strophe kommt die tiefe Lage des Basses im Unisono im besonderen zur Wirkung. Wenn nämlich der Baß klanglich führt, d.h. die anderen Stimmen als 4'- und 2'-Register hinzugemischt werden, ergibt sich schon allein dadurch ein düsterer, unheimlicher Klang.

Bei der Vertonung dieses Gedichtes läßt sich Hugo Distler also von der Vorstellung einer gesprochenen Rezitation leiten. Er unterstreicht mit vergleichsweise sparsamen musikalischen Mitteln den Ausdruck der Sprache und ersetzt ihn nicht durch die Musik.

Etwas anders liegt der Fall bei dem Gedicht „Um Mitternacht". Hier wird kein Geschehen erzählt, sondern in zwei Strophen in unterschiedlichen Bildern das gleiche geschildert. Deswegen ist Distlers Vertonung auch strophisch.

Um Mitternacht

Gelassen stieg die Nacht ans Land,
Lehnt träumend an der Berge Wand,
Ihr Auge sieht die goldne Waage nun
der Zeit in gleichen Schalen stille ruhn;
Und kecker rauschen die Quellen hervor,
Sie singen der Mutter, der Nacht, ins Ohr
Vom Tage,
Vom heute gewesenen Tage.

Das uralt alte Schlummerlied,
Sie achtets nicht, sie ist es müd;
Ihr klingt des Himmels Bläue süßer noch,
Der flüchtgen Stunden gleichgeschwungnes Joch.
Doch immer behalten die Quellen das Wort,
Es singen die Wasser im Schlafe noch fort
Vom Tage,
Vom heute gewesenen Tage.

Der Gehalt des Gedichtes steckt in dem Gegensatz, der in den zwei vierzeiligen Teilen jeder Strophe zutage tritt. Im ersten Teil jeder Strophe ist in einem jambischen Versmaß von der Nacht, von Ruhe und Gelassenheit die Rede. Im zweiten Abschnitt singen dagegen die Quellen von der Vergangenheit, von der Geschäftigkeit des Tages. Die Geschwätzigkeit und Eintönigkeit der Quellen spiegelt sich in dem dahinperlenden, daktylischen Sprachrhythmus. Die Nacht achtet das Lied der Quellen nicht, da es ihr altbekannt ist. Doch kann sie sich gegen den Ablauf der Zeit nicht wehren, obwohl sie gern in der Zeitlosigkeit verharren würde. Das kommt in der zweiten Strophe zum Ausdruck. Das Lied der Quellen von der Vergangenheit ist aber auch nicht zielgerichtet; es ist uralt, das heißt: immer dasselbe.

Nach der Interpretation von Renate von Heydebrand *besteht der Gehalt des Gedichtes in der Gegenüberstellung zweier Formen von Zeitaufhebung: der erfüllte Augenblick kontrastiert der Erinnerung, die als eintöniges Mahnen an immer Gleiches auftritt.*[7] Diese zwei Formen werden in der Nacht zur Mitternachtsstunde und in dem Gesang der Quellen symbolisiert. Die Gegenüberstellung der Nacht und der Quellen bestimmt die unterschiedliche Gestalt der Strophenhälften. Die Gegensätzlichkeit der zwei Formen der Zeitaufhebung ist schon in der Sprachrhythmik unüberhörbar ausgedrückt.

Von eben diesem Gegensatz ist die Vertonung Hugo Distlers geprägt. Die zwei gegensätzlichen Strophenhälften entsprechen zwei musikalischen Abschnitten, welche sich in Tonart, Satzgestaltung, Takt und Tempo unterscheiden.

Der erste Teil beginnt imitatorisch. Das Kopfmotiv im Sopran (der Wechsel zur Oberterz und zurück) findet sich in allen anderen Stimmen wieder. Rhythmisch verwirklicht jede Stimme eine andere Übertragung des Versmaßes. Der Sopran beginnt mit einem ruhigen, dem 2/2-Takt überlagerten 3/4-Takt und geht ab *Nacht* auf gleichmäßige Halbe über. Sein Sprechtempo ist am langsamsten. Ihm folgt der Alt, er beginnt schneller, mit drei Vierteln, und geht dann in einen 3/4-Takt über. Die Männerstimme – der Chorsatz ist nur dreistimmig, die Männerstimme als Baß notiert – deklamiert die erste Zeile durchgehend in gleichmäßigen Vierteln. Die dem Sopran folgenden Stimmen deklamieren jeweils schneller, was zur Folge hat, daß sich bei *Land* alle Stimmen vereinigen. Wie die Schatten der Nacht schiebt sich der Tonsatz bis dahin vorwärts. Unmerklich schreitet die Dämmerung voran, bis sie plötzlich an einem bestimmbaren Punkt das Land erreicht hat. Genau das kommt in der rhythmischen

[7] Heydebrand, Renate von, Eduard Mörikes Gedichtwerk. Beschreibung und Deutung der Formenvielfalt und ihrer Entwicklung. Stuttgart 1972, S. 29

und klanglichen Vereinigung der Stimmen zum Ausdruck: Bis zu der Silbe *ans (Land)* verlief jede Stimme selbständig. Dort vereinigen sie sich zu einem Quint-Oktav-Klang auf Es. Mit der überraschenden Rückung zum terzverwandten C Dur-Dreiklang hat die Dunkelheit das Land erreicht.

Bei der Betrachtung der Harmonik in diesem Stück fällt auf, daß die eigentümlich fließende Bewegung nicht zuletzt aus der Klanglichkeit entsteht. Klangliche Schärfen werden vermieden, die auftretenden Dissonanzen regelrecht aufgelöst. Dabei kann die Auflösung verspätet (Takt 2 Alt: C – B) oder in Stellvertretung (Takt 12 Alt: Es – Baß: Des) erfolgen. Beides bewirkt ein Vorwärts- und Ineinanderfließen des Satzes. Ansonsten beschränkt sich die harmonische Fortschreitung auf reibungslose Verbindungen unter Ausnutzung der Zwitterstellung von Sexte und Quarte (z.B. Zeile 3 und 4) als relative Kon- bzw. Dissonanzen.

Die zweite Verszeile wird im Unisono vertont. Die Melodie zeichnet dabei die Spitzen der Berge, die in der ersten Strophe genannt werden, nach. Doch ist dieses Unisono in mehrerer Hinsicht in den vorherigen und nachfolgenden mehrstimmigen Satz eingebettet. Voraus ging die harmonische Rückung Es – C Dur. Der dreistimmige Satz zu Anfang wurde dort durch die reinen Quintparallelen zwischen Alt und Baß schon reduziert. Dem Unisono folgt eine strenge Imitation, die ja nichts anderes ist als Vervielfachung der Einstimmigkeit in zeitlicher Versetzung.

Vom C ausgehend greift die Unisono-Melodie die letzten Töne (Des – Es) der Sopranmelodie vorher wieder auf und führt sie weiter zum F. Das F ist zugleich die Tonika des als Dominante verstandenen C Dur-Dreiklanges, der für sich genommen in dieser Umgebung fremdartig wirkt.

Wie bereits gesagt, erklingt die nächste Zeile in einer strengen Imitation (Kanon über vier Takte). Der imitierte Abschnitt reicht dabei über die Zeilengrenze hinaus bis *Zeit*. Damit wird das Enjambement in der ersten Strophe angedeutet. Dem Komma des Textes in der zweiten Strophe entspricht das eingeklammerte Atemzeichen. In der Aufführung soll also durch die Atmung an dieser Stelle ein Einschnitt gesetzt werden.

Der Alt schließt diesen ersten Teil in f Moll mit dem tonartfremden Ton a als erster ab. Dies ist aber keine reine Willkür, sondern eine Vorausnahme des zweiten Teiles, der als Grundtonart F Dur hat. Der Abschluß des ersten und der Beginn des zweiten Teiles mit dem gleichen Klang hat seine Parallele im Text in den Assonanzen *ruhn – und* bzw. *Joch – doch*. Im zweiten Teil wechselt Hugo Distler nicht nur die Tonart, sondern auch den Takt und das Tempo. Er schreibt einen 6/4-Takt vor, der aber genauso lang dauern soll wie der 2/2-Takt des ersten Teiles. Der vorgeschriebene Dreiertakt darf aber nicht dazu verleiten anzunehmen, daß nun das dreiteilige Metrum gleichmäßig leiernd deklamiert wird. Nur in der ersten Zeile verwendet Hugo Distler die naheliegende Lösung, die Hebungen auf die Takteins und Taktvier und die Senkungen dazwischen zu setzen. In der zweiten Zeile teilt er den 6/4-Takt in dreimal zwei Viertel auf. Damit kündigt er die Aufteilung der Zeile an, die sich aus der Sprechzäsur beim Komma vor *der Nacht* ergibt.

Die Septime F – Es bei *Nacht* ist die einzige nicht aufgelöste Dissonanz in diesem Stück. Vermutlich steht sie, um die Wendung nach A Dur vorzubereiten. Liest man das Es als Dis, ergibt sich mit der übermäßigen Sexte eine Spannung auf das E hin, das im Baß erscheint und bereits zum A Dur-Dreiklang zu zählen ist.

Der Alt ist in diesem ganzen Teil kanonisch zum Baß geführt. Dieser wiederum ist mit dem Sopran gekoppelt. Daher kommt der Alt als letzte Stimme bei der Kurzzeile *vom Tage* an. Obwohl er diese wiederholt, wird die Wirkung der Kurzzeile nicht gestört. Die Generalpause verwirklicht hier die Sprechpause, die ganz natürlich nach der Kurzzeile entsteht. Die Bestätigung und Verstärkung der Aussage in der letzten Zeile wird so deutlich abgesetzt und kann sich voll entfalten.

Hugo Distler folgt also der Sprache des Gedichtes in seiner Vertonung sehr exakt und feinsinnig. Der Gehalt der Dichtung spricht sich vor allem in der Gegensätzlichkeit der zwei Teile aus: die Ruhe der Bewegung im ersten und die Aufgeregtheit im zweiten Teil. Der zweite Teil wirkt besonders durch die Sprachrhythmik, während im ersten mehr die Bilder sprechen. Hugo Distler versucht dem gerecht zu werden, indem er im ersten Teil eine reiche Klanglichkeit und, wenn auch zurückhaltend, musikalische Bilder einsetzt. Durch die Koppelung von Baß und Sopran im zweiten Teil treten dort die Feinheiten der Sprachrhythmik viel deutlicher hervor als im ersten. Abgesehen von der überraschenden Wendung nach A Dur, das für die fremde Sphäre des Tages steht, hat dort die Klanglichkeit keine schildernden Aufgaben.

Die Sprachgestalt in Musik umzusetzen, ist also Hugo Distlers kompositorische Idee, die er wohl aus seiner Beschäftigung mit Schütz gewonnen hat. Mit diesem Kompositionsprinzip und dank seiner meisterhaften

1

Hugo Distler
aus opus 19

*) Wenn nötig, Stimmenvertauschung.

Beherrschung der Techniken des A-Cappella-Chorsatzes gelingt es ihm, der subjektiven Lyrik Eduard Mörikes entsprechenden Ausdruck mit diesem Klangkörper zu verleihen, was vor ihm als unmöglich galt. Dem A-Cappella-Chorschaffen diese Ausdrucksbereiche erschlossen zu haben, ist daher seine großartige Leistung. Darüber hinaus eignet diesen Stücken eine lebendige musikantische Frische, die jeden unmittelbar anspricht. Beides zusammen macht das „Mörike-Chorliederbuch" zu einem der wertvollsten Bestandteile der A-Cappella-Literatur.

WERKVERZEICHNIS HUGO DISTLER

zusammengestellt von Franzpeter Messmer

Die gedruckten Werke Hugo Distlers sind ab op. 5 beim Verlag Bärenreiter, Kassel, erschienen und werden deshalb nicht besonders gekennzeichnet. Das Werkverzeichnis wurde in der Hauptsache erstellt nach den Angaben in: Ursula Herrmann, *Hugo Distler*, Berlin 1972, [3]1983.

A. INSTRUMENTALMUSIK

a) Soloinstrument mit Orchester

Kammer-Concerto für Cembalo und 11 Instrumente (1931)	Manuskript
Concerto für Cembalo und Streichorchester op. 14 (1936)	
Konzertstück für Klavier und Orchester (1937)	Manuskript

b) Kammermusik für drei und mehr Instrumente

Kammermusik für Flöte, Oboe und Klavierquartett (1927)	Manuskript
Sonate über alte deutsche Volkslieder für zwei Violinen und Klavier op. 15a (1936)	
Streichquartett a Moll op. 20/1 (1939)	

c) Orgelwerke

Nun komm der Heiden Heiland, Partita op. 8/1 (1932)
Wachet auf, ruft uns die Stimme, Partita op. 8/2 (1935)
Kleine Orgelchoralbearbeitungen op. 8/3 (1938)
30 Spielstücke für die Kleinorgel op. 18/1 (1938)
Orgel Sonate (Trio) op. 18/2 (1939)

d) Klaviermusik

Kleine Sonate c Moll (1927)	Manuskript
Konzertante Sonate für zwei Klaviere op. 1 (1930)	Breitkopf & Härtel
11 Kleine Klavierstücke für die Jugend op. 15b (1936)	
Konzertstück für zwei Klaviere op. 20/2 (1940) (Bearbeitung des Streichquartetts op. 20/1)	

B. VOKALMUSIK

a) Geistliche Chorwerke mit und ohne Instrumente

Herzlich lieb hab ich dich, O Herr für zwei vierstimmige Chöre op. 2 (1930) — Breitkopf & Härtel

Deutsche Choralmesse für sechsstimmigen Chor op. 3 (1931) — Breitkopf & Härtel

Kleine Adventsmusik für Sprecher, Kinderchor, Flöte, Oboe, Violine, Orgel bzw. Cembalo oder Klavier, Violoncello ad libitum op. 4 (1931) — Breitkopf & Härtel

Der Jahrkreis, 52 Motetten für zwei- bis dreistimmigen Chor, einzelne Instrumente op. 5 (1933)

Christ, der du bist der helle Tag, Kleine geistliche Abendmusik für dreistimmigen Chor, 2 Violinen und Basso continuo op. 6/1 (1933)

Drei kleine Choralmotetten für vierstimmigen Chor op. 6/2 (1933)

Choral-Passion für fünfstimmigen Chor und zwei Vorsänger op. 7 (1933)

Die Weihnachtsgeschichte für vierstimmigen Chor und vier Vorsänger op. 10 (1933)

Wo Gott zum Haus nit gibt sein Gunst, Choralkantate für vierstimmigen Chor, vier Solostimmen ad libitum, 2 Oboen, Streicher, Cembalo bzw. Orgel oder Klavier op. 11/1 (1933)

Nun danket alle und bringet Ehr, Choralkantate für Sopran, Tenor, vierstimmigen Chor, Streicher, Orgel op. 11/2 (1941)

Geistliche Chormusik, neun Motetten für vierstimmigen Chor op. 12 (1936, 1941)

Liturgische Sätze über altevangelische Kyrie- und Gloriaweisen für zwei- bis achtstimmigen Chor op. 13 (1935)

Einzelne kleine Motetten und Chorlieder:
Ach Herr, ich bin nicht wert
Jesus Christus gestern und heute
O Heiland, reiß die Himmel auf
Gott der Vater wohn bei uns
Lobt Gott ihr Christen
Nun freut euch, liebe Christen
Macht hoch die Tür
O Mensch, bewein dein Sünde groß
Wie schön leuchtet der Morgenstern
Wacht auf, es tut euch not

Die Sonne sinkt von hinnen
Der Tag hat sich geneiget
Vom Himmel hoch, o Englein kommt
Es geht ein dunkle Wolk herein

b) Weltliche Chorwerke mit und ohne Instrumente

Das Lied von der Glocke für Solostimmen, Chor und Orchester op. 9/1 (1934)	
An die Natur, Weltliche Kantate für Sopran, vierstimmigen Chor, Streichquartett op. 9/2 (1934)	
Neues Chorliederbuch, Acht Bände für vier- bis achtstimmigen gemischten Chor op. 16 (1938)	
Mörike-Chorliederbuch, Teil 1 für gemischten Chor, Teil 2 für Frauenchor, Teil 3 für Männerchor op. 19 (1939)	
Kleine Sing- und Spielmusik für Singstimmen und Instrumente op. 21/2 (1941)	
Der Mond ist aufgegangen für einstimmigen Frauenchor, Violine, Viola, Oboe (ohne Jahresangabe)	Manuskript

c) Werke für Sologesang

Drei geistliche Konzerte für Sopran oder Tenor, Orgel oder Cembalo op. 17 (1937)	
Drei Lieder nach Gedichten von Paul Brockhaus für Alt und Klavier (1931)	Manuskript
Lied am Herde, Kantate für Bariton und Klavier oder Kammerorchester op. 21/1 (1941)	
Kleine Sommerkantate für zwei Soprane und Streichquartett (1942)	Manuskript
So schlafe nun, du Kleine, Wiegenlied für eine Singstimme und Klavier (ohne Jahresangabe)	Manuskript

C. UNVOLLENDETE WERKE

Choralvariationen über „Jesus Christus unser Heiland" für Orgel (1933)	Manuskript
Ritter Blaubart (1940)	Manuskript
Sonate für Violine und Klavier: Largo appassionato (als op. 11a vorgesehen)	Manuskript
Concerto grosso für Streicher: Anfang des 1. Satzes Allegro	Manuskript

Die Weltalter, Oratorium, Skizzen des Eingangschores, des 1. Aktes 3. Szene und des 2. Aktes 3. Szene	Manuskript
Sankt Johannes Passion, Turbachöre *Jesus von Nazareth*, *Wäre dieser nicht der Übeltäter*	Manuskript

DISKOGRAPHIE

zusammengestellt von Franzpeter Messmer

Werke	Interpreten	Edition Best.-Nr.
Das Orgelwerk	Arno Schönstedt, Hugo Distler	Pape KP 1001
Choralmotetten	Wilhelm Ehmann, Westf. Kantorei	Disco Center DC Can 658 230
Lobe den Herren, Choralmotette op. 6 Nr. 2a	Michael Rinscheid Singkreis Wehbach	Elrec Engelsmann EL M 3 E 3177
Singet dem Herren, *Das ist je gewißlich wahr*, Choralmotetten op. 12/1 und op. 12/8	Joachim Eichorn	Mitra Schallplatten Mit 16 206
Choralmotetten op. 12 Nr. 2, 5, 7, *Mörike-Chor-* *liederbuch* op. 19: *Denk es, O Seele*	Hans Rudolf Zöbeley, Motettenchor München	Fono Schallplatten FSM 53 228
Choralmotetten op. 12 Nr. 2, 8, 9	Helmuth Rilling, Spandauer Kantorei	Disco Center DC Sdg 610 301
Singet frisch und wohl- *gemut*, Choralmotette op. 12 Nr. 4	Volker Hempfling, Kölner Kantorei	Disco Center DC Can 657 618
Singet frisch und wohl- *gemut*, Choralmotette op. 12 Nr. 4 *Es ist ein Ros entsprungen*, Weihnachtsgeschichte op. 10	Hans Thamm, Windsbacher Knabenchor, Helmuth Rilling, Figural- chor der Gedächtniskirche Stuttgart	Disco Center DC Can 656 005
Wachet auf, ruft uns die *Stimme*, Choralmotette op. 12 Nr. 6	Traugott Timme, Marienkantorei Osnabrück	Axel-Gerhard-Kühl- Verlag AGK 30 102
Choralpassion op. 7	Hermann Harrassowitz, Kammerchor St. Lorenz	Motette-Ursina Mot 50 010
Christ, der du bist der *helle Tag* op. 6	Josef Graf, Cäcilienverein Solothurn	Fono Schallplatten FSM 30 4704

Ich brach drei dürre Reiselein, Es ist ein Ros entsprungen, Weihnachtsgeschichte op. 10	Ernst-Ulrich von Kameke, Bach-Chor St. Petri Hamburg	Axel-Gerhard-Kühl-Verlag AGK 30106
Ich brach drei dürre Reiselein, Weihnachtsgeschichte op. 10	Matzener Singkreis	Disco Center DC Kkm 3042
Ich brach drei dürre Reiselein, Weihnachtsgschichte op. 10	Hansruedi Willisegger, Luzerner Singer	Musikhaus Pan
Der Jahrkreis op. 5, *Kleine Choralbearbeitungen* op. 8/3, *Spielstücke für Orgel* op. 18/1 Nr. 5	Wilhelm Ehmann, Arno Schönstedt, Westfälische Kantorei	Disco Center DC Can 658222
Wo Gott zum Haus nit gibt sein Gunst Der Jahrkreis op. 5, Nr. 26	Detlef Schmidt	Axel-Gerhard-Kühl-Verlag AGK 30206
Wie der Hirsch schreit nach frischem Wasser, Der Jahrkreis op. 5, Nr. 39	Hermann Harrassowitz, Bach-Chor St. Lorenz Nürnberg	Carus Car 53130
Konzert für Cembalo und und Streichorchester op. 14	Martin Stephani, Huguette Dreyfus, Bach-Orchester Frankfurt	Disco Center DC Bmu 1204
Variationen für Cembalo solo aus Konzert op. 14	Gerhard Kirchner	Auslieferung Berliner Tonträger ABT Oct 8007
Mörike-Chorliederbuch op. 19	Willi Träder, Niedersächsischer Singkreis	Disco Center DC Bm 1333
Ein Stündlein wohl der Tag, Der Gärtner, Mörike-Chorliederbuch op. 19	Hansruedi Willisegger, Luzerner Singer	Musikhaus Pan SP 10037
Partiten op. 8, Nr. 1	Max Kempf	Unisono Pfeifer-Koch UNS 32857
Spielstücke für Orgel, op. 18/1	Peter Hurford	Teldec Dec 417159-2 ZK
Die Weihnachtsgeschichte op. 10	Gottfried Wolters, Norddeutscher Singkreis	Disco Center DC Bmus 1302

LITERATURVERZEICHNIS

zusammengestellt von Franzpeter Messmer

A. Texte von Hugo Distler

„Das Wiedererwachen des 16. und 17. Jahrhunderts in der Musikpflege unserer Zeit“, in: „Lübeckische Blätter“, Jg. 74, 1932, Heft 3

„Die Orgel unserer Zeit“, in: „Der Wagen“, Jg. 1933 und „Musica“, Jg. 1, 1947, Heft 3/4

„Postulat eines neuen musikalischen Lebens- und Gestaltungsprinzips“, in: „Der Wagen“, Jg. 1935, S. 77–84

„Neue Unterrichtswege in der Berufsausbildung des praktischen Kirchenmusikers“, in: „Lübeckische Blätter“, Jg. 76, 1934, S. 153f

„Die beiden Orgeln in St. Jakobi zu Lübeck, Bericht über den Umbau 1935 von Hugo Distler und Dr. Erich Thienhaus“, Lübeck 1935

„Vom Geiste der neuen Evangelischen Kirchenmusik“, in: „Zeitschrift für Musik“, Jg. 102, 1935, Heft 12

„Bericht über die musikalischen Vespern in Lübeck“, in: „Musik und Kirche“, Jg. 8, 1936, Heft 2

„Wie mein Jahrkreis entstand“, in: „Lied und Volk“, Jg. 3, 1936, Heft 10

„Gedanken zum Problem der Registrierung alter, speziell Bachscher Orgelmusik“, in: „Musik und Kirche“, Jg. 11, 1939, Heft 3

„Warum neue Musik für historische Instrumente?“, in: „Zeitschrift für Hausmusik“, Jg. 8, 1939, S. 188f, und „Neues Musikblatt“, Jg. 18, 1939, Juni/Juli

„Johann Sebastian Bachs Dorische Toccata und Fuge (Gedanken zu einer Registrieranalyse)“, in: „Musik und Kirche“, Jg. 12, 1940, Heft 3

„Harmonielehre früher und jetzt“, in: „Zeitschrift für Hausmusik“, Jg. 10, 1941, S. 41–46

„Funktionelle Harmonielehre“, Bärenreiter Verlag Kassel und Basel o.J. (1940/41)

B. Texte über Hugo Distler

Adam Adrio: „Erneuerung und Wiederbelebung“, in: Friedrich Blume: „Geschichte der evangelischen Kirchenmusik“, Kassel 1965

I. Baumann: „Die Weihnachtsgeschichte“ op. 10 von Hugo Distler, Schriftliche Arbeit zur 1. Prüfung für das Lehramt an Volksschulen, Bielefeld 1961

Mark Bergaas: „Compositional Style in the Keyboard Works of Hugo Distler“, Dissertation, New Haven 1978

Werner Bieske: „Die Orgelwerke Hugo Distlers“, in: „Musik und Kirche“, Jg. 22, 1952, Heft 5

Walter Blankenburg: „Besprechung des Jahrkreises“, in: „Zeitschrift für Hausmusik“, Jg. 1, 1933, Heft 5/6

Walter Blankenburg: „Neue Kirchenmusik - Zum Erscheinen der Liturgischen Sätze von Hugo Distler über altevangelische Kyrie- und Gloriaweisen“, in: „Musik und Kirche“, Jg. 8, 1936

Walter Blankenburg: „Eine Flötenstimme zu Hugo Distlers *Totentanz*“, in: „Musik und Kirche“, Jg. 47, 1977

Hans Böhm: „Im Gedenken an Hugo Distler“, in: „Musik und Gesellschaft“, Jg. 18, 1968, Heft 6

Helmut Bornefeld: „Hugo Distler“, in: „Musica“, Jg. 1, 1947, Heft 3/4

Helmut Bornefeld: „Hugo Distler - Weg und Werk“, in: „Die neue Schau“, Jg. 8, 1947, Heft 2

Helmut Bornefeld: „Hugo Distler“, in: „Musik in Geschichte und Gegenwart“, Bd. 3, Kassel und Basel, 1954, Sp. 582-585

Helmut Bornefeld: „Zu Hugo Distlers 50. Geburtstag am 24. Juni 1958. Die Bedeutung seiner Kompositionen“, in: „Der Kirchenmusiker“, Jg. 9, 1958, Heft 3

Helmut Bornefeld: „Schöpferischer Historismus. Zur 50. Wiederkehr von Hugo Distlers Geburtstag“, in: „Musica“, Jg. 12, 1958, Heft 6

Helmut Bornefeld: „Hugo Distler und sein Werk“, in: „Musik und Kirche“, Jg. 12, 1958, Heft 6

Gustav Bosse: „Hugo Distlers Bedeutung für die moderne Chorerziehung“, Celle 1949

Otto Brodde: „Junge Kirchenmusik. 1. Hugo Distler“, in: „Deutsches Pfarrblatt“, Jg. 41, Nr. 38 vom 21. September 1937

Heinrich Eckert: „Distlers Choralpassion“, in: „Musica“, Jg. 5, 1951, Heft 1

Karl Flämig: „Evangelische Kirchenmusik im Aufbruch: Hugo Distler“, in: „Credo musicale“, Berlin 1969, S. 147-164

H. Geiger: „Totentanz“, Prüfung für das Lehramt an Gymnasien, München 1979

Franzpeter Goebels: „ . . . den Alltag zu erhöhen. Gedanken und Bemerkungen zum Klavierwerk Hugo Distlers", in: „Zeitschrift für Hausmusik", Jg. 23, 1959, S. 37–41

Hermann Grabner: „Hugo Distlers Lehrjahre in Leipzig", in: „Der Kirchenmusiker", Jg. 9, 1958, Heft 3

Hermann Grabner: „Erinnerungen an Hugo Distler", 1964 (Manuskript, siehe aber S. 35f)

Heinz Grunow: „Hugo Distler", in: „Neue Musikzeitschrift", Jg. 2, 1948, Heft 6

Bruno Grusnick: „Hugo Distlers Choralpassion", in: „Musik und Kirche", Jg. 5, 1933, Heft 1

Bruno Grusnick: „Hugo Distler", in: „Zeitschrift für Musik", Jg. 102, 1935, Heft 12

Bruno Grusnick: „Hugo Distler, Spielstücke für Positiv", in: „Zeitschrift für Hausmusik", Jg. 16, 1952, S. 159–161

Bruno Grusnick: „Hugo Distler zum Gedächtnis", in: „Lübeckische Blätter", Jg. 85, 1943, Heft 1

Bruno Grusnick: „Hugo Distler und wir", in: Zeitschrift für Hausmusik", Jg. 16, 1952, S. 153–159

Bruno Grusnick: „Wie Distler Jakobiorganist in Lübeck wurde", in: „Musik und Kirche", Jg. 25, 1955, Heft 3

Bruno Grusnick: „Hugo Distler und Hermann Grabner", in: „Musica", Jg. 18, 1964, Heft 2

Fred Hamel: „Junge Komponisten: Hugo Distler", in: „Melos", Jg. 12, 1933, Heft 12

Fred Hamel: „Zeitgenössische deutsche Komponisten: Hugo Distler", in: Deutsche Allgemeine Zeitung, Jg. 1934, August

Elisabeth Heidbrinck: „Die Choralpassion von Hugo Distler, Ein zeitgenössisches Werk und seine Bezüge zu historischen Vorbildern", Prüfungsarbeit für das künstlerische Lehramt an Höheren Schulen, Freiburg 1958 (Manuskript)

Ingeborg Heinsen-Menke: „Erinnerungen an Hugo Distler", Nürnberg, 21. August 1952 (Manuskript)

Ursula Herrmann: „Hugo Distler zum 60. Geburtstag", in: Evangelischer Nachrichtendienst", Jg. 21, 22. Mai 1968

Ursula Herrmann: „Hugo Distler und die Berliner Kirchenmusikschule", in: „Der Kirchenmusiker", Jg. 19, 1968, Heft 3

Ursula Herrmann: „Hugo Distler zum 60. Geburtstag am 24. Juni 1968“, in: „Glaube und Gewissen“, Jg. 14, 1968, Heft 6

Ursula Herrmann: „Hugo Distler - Rufer und Mahner“, Berlin 1972, ³1983

Hans Hoffmann: „Musiker unserer Tage: Hugo Distler“, in: „Allgemeine Musikzeitung“, Jg. 67, 1939, S. 10

Hans Hoffmann: „Hugo Distler zum Gedächtnis“, in: „Zeitschrift für Hausmusik“, Jg. 11, 1942, S. 118–123

Wolfgang Jennrich: „Hugo Distler“, Berlin 1970

Georg Karstädt: „Die Choralpassion von Hugo Distler im Ratzeburger Dom“, in: „Musik und Kirche“, Jg. 22, 1952, Heft 6

Franz Keßler: „Neue Bestrebungen auf dem Gebiet des Orgelchorals. (J.N. David, H. Distler, E. Pepping)“, Mainz 1949 (Dissertation)

Erika Kienlin: „Erinnerungen an Hugo Distler“, in: „Zeitschrift für Hausmusik“, Jg. 21, 1957, S. 41–43

Kurt Klein: „Hugo Distler. Ein Sänger Gottes in unserer Zeit“, 1952 (Manuskript)

Kurt Klein: „In memoriam Hugo Distler“, in: „Musica“, Jg. 6, 1952, Heft 11

Franz Krautwurst: „Hugo Distler“, in: „Fränkische Lebensbilder“, Bd. 9, 1980, S. 289f

Alfred Kreutz: „Hugo Distler als Mensch“, in: „Der Kirchenmusiker“, Jg. 9, 1958, Heft 3

Sabine Kruse: „Das Werk Hugo Distlers - Probleme des Komponierens in der Zeit von 1920–1945“, Examensarbeit für das Lehramt an Gymnasien, Lübeck 1988

A. Linkenbach: „Die Vertonungen der Mörike-Lieder bei Hugo Wolf und Hugo Distler“, Examensarbeit zur 1. Prüfung für das Lehramt in der Sekundarstufe I. Köln 1978

Ina Lohr: “Über Jochen Klepper und Hugo Distler“, in: „Singet und spielt, Schweizer Blätter für Musik und Kunst“, Jg. 35, 1968, Heft 2

W. Lüdemann: „’n Stylanalise van Hugo Distler se motette“, Magisterarbeit, Oranje-Vrystaat 1981

Johannes G. Mehl: „Kyrie eleison. Zum Gedächtnis Hugo Distlers und Jochen Kleppers“, in: „Gottesdienst und Kirchenmusik“, Jg. 4, 1953, S. 116–120

U. Meis: „Heinrich Schütz - Die Weihnachtshistorie, Hugo Distler - Die Weihnachtsgeschichte, Ein Vergleich“, Wissenschaftliche Hausarbeit zur Staatlichen Kirchenmusikprüfung 1982

K. Meyers: „Distlers Totentanz unter besonderer Berücksichtigung des Einflusses der *Deutschen Sprüche von Leben und Tod* Leonhard Lechners“, Examensarbeit für das Lehramt an Volks- und Mittelschulen, Hamburg 1965

Wilhelm Mudde: „De Componist Hugo Distler. Mens en Melodie 1950“, in: „Musik und Kirche“, Jg. 23, 1953, Heft 4

S. Niemann: „Untersuchungen zum Mörike-Chorliederbuch von Hugo Distler“, Examensarbeit für das Lehramt an Gymnasien, Flensburg 1987

Werner Oehlmann: „Das Chorwerk Hugo Distlers“, in: „Die Musikpflege“, Jg. 14, 1943, Heft 1/3

Larry Palmer: „Hugo Distler and his church music“, Saint Louis - London 1967

A.M. Paul: „Hugo Distler, Totentanz, Motette zum Totensonntag - Analyse“, Wissenschaftliche Hausarbeit für das Lehramt an Gymnasien, Frankfurt/M. 1983

Weston Douglas Pritchard: „Creative Historicism in the Choral Music of Hugo Distler“, Colorado 1967

A. Polland: „Der Totentanz bei Leonhard Lechner und Hugo Distler, Ein Vergleich“, Prüfung zum Realschulexamen, München 1987

Ursula von Rauchhaupt: „Die vokale Kirchenmusik Hugo Distlers“, Gütersloh 1963

Hans Rutz: „In memoriam Hugo Distler“, in: „Musica“, Jg. 10, 1956, Heft 1 und „Der Kirchenchor“, Jg. 16, 1956, S. 6f

Hans Schaeuble: „Hugo Distler“, in: „Schweizerische Musikzeitung“, Jg. 82, 1943, S. 10

D. Schmeel: „Zahlensymbolik bei Hugo Distler, dargestellt an seiner Motette *Das ist je gewißlich wahr* (op. 12, 8)“, Prüfungsarbeit zur A-Prüfung für Kirchenmusiker, Hamburg 1958

U. Schmitt: „Hugo Distler und die frühe evangelische Kirchenmusik“, Dissertation Heidelberg 1955

Herbert Schmolzi: „Das Wort-Ton-Verhältnis in Distlers Choralpassion“, in: „Musica“, Jg. 7, 1953, Heft 12

Herbert Schmolzi: „Zum Wort-Ton-Verhältnis in den Weihnachtsgeschichten von Heinrich Schütz und Hugo Distler“, in: „Musik im Unterricht“, Jg. 52, 1961, Heft 12

Hans-Jürgen Schweinsberg: „Die stilistische Entwicklung der Chormusik Hugo Distlers“, 1956 (Manuskript)

Karlheinrich Schweinsberg: „Hugo Distler zum Gedächtnis“, in: „Musik und Kirche“, Jg. 15, 1943

Wolfram Schwinger: „Wachet auf, ruft uns die Stimme - Hugo Distler“, in „Kirchenmusik heute“, hrsg. v. Hans Böhm, Berlin 1959, S. 42-52

Oskar Söhngen: „Hugo Distler“, in: „Lübeckische Blätter“, Jg. 87, 1951, Heft 11

Oskar Söhngen: „Am Grabe Hugo Distlers“, in: „Musica“, Jg. 3, 1949, Heft 3 und in: „Die Wiedergeburt der Kirchenmusik“, Basel 1953

Oskar Söhngen: „Schaffende Kirchenmusiker unserer Zeit: Hugo Distler“, in: „Der Kirchenmusiker“, Jg. 3, 1943, Heft 12

Oskar Söhngen: „Erneuerte Kirchenmusik“, Göttingen 1975

Fritz Stege: „Musiker im Gespräch: Hugo Distler“, in: „Zeitschrift für Musik“, Jg. 101, 1934, Heft 12

F. Steiger: „Stilkritische Untersuchungen am Werk Hugo Distlers“, Diplomarbeit, Würzburg 1984

Walter Tappolet: „Hugo Distler zum Gedächtnis“, in: „Singet und spielt, Schweizer Blätter für Musik und Kunst“, Jg. 10, 1943

Th. Twer: „Wort und Ton in den Passionen von Lechner, Schütz und Distler“, Kirchenmusikalische Examensarbeit 1953

Meta Typke: „Erinnerungen an Hugo Distler“, Untertürkheim 1952 (Manuskript)

Erich Valentin: „Hugo Distler“, in: „Zeitschrift für Musik“, Jg. 113, 1952, S. 126

A. Vornholt: „Der *Totentanz* von Hugo Distler, Eine Untersuchung der Beziehung von Dichtung und Musik“, Gütersloh 1962

Christian Weickert: „Hugo Distler“, in: „Schlesische Zeitung“, Jg. 1935, 12. Oktober 1935

Helmut Werkle: „Hugo Distler“, in: „Kirche in der Zeit“, Jg. 8. 1953, Heft 1

F. Weyer: „Hugo Distlers Choralpassion, Satztechnische Untersuchungen zu den Choralvariationen und Chören“, Wissenschaftliche Hausarbeit für das Lehramt an Gymnasien, Würzburg 1983

Walter Wiora: „Religiöse Kirchenmusik von Beethoven bis Reger“, Regensburg 1978

Gottfried Wolters: „Hugo Distler zum Dank“, in: „Junge Musik“, Jg. 1952, Heft 5

ÜBER DIE AUTOREN

Hermann Grabner, geboren 1886 in Graz, gestorben 1969 in Bozen. Schüler Max Regers in Leipzig. Musikpädagoge in Straßburg, an der Musikhochschule Mannheim und ab 1924 Kompositionslehrer am Leipziger Konservatorium. 1938 bis 1946 Musikhochschule Berlin. Kompositorische Werke und wichtige musiktheoretische Veröffentlichungen, vor allem zur Harmonie- und Kompositionslehre.

Ursula Herrmann, geboren 1927 in Halle/Saale. Studium an der Universität Halle (Schulmusik, Musikwissenschaft, Mathematik). Dissertation über Andreas Werckmeister. Violinstudium an der Musikhochschule Halle/Saale. Dozentin an der Musikhochschule und am Konservatorium Halle, später Dozentin und stellvertretende Direktorin der Evangelischen Kirchenmusikschule Halle. Tätigkeit als Musikkritikerin.

Franzpeter Messmer, geboren 1954 in Geislingen, studierte Musikwissenschaft, Germanistik und Kunstgeschichte an der Universität München sowie privat Violine und Viola. Promotion 1981 mit der Dissertation „Altdeutsche Liedkomposition", seitdem freier Autor und Journalist bei Fachzeitungen und Rundfunkanstalten. Ab 1987 Lehrbeauftragter für Historische Aufführungspraxis, außerdem Pressereferent an der Hochschule für Musik in München. Seit 1989 künstlerischer Leiter der „Landshuter Hofmusiktage" und 1. Vorsitzender des Landesverbandes Bayerischer Tonkünstler.

Stefan Pontz, geboren 1963 in Passau, lebte dort bis zum Abitur. Anschließend studierte er Musikwissenschaft, Geschichte und Musikpädagogik an der Universität München. 1989 legte er die Magisterprüfung ab, die Magisterarbeit hatte Hugo Distlers Mörike-Chorliederbuch zum Thema. Zur Zeit arbeitet er an seiner Dissertation über Jacobus Gallus und ist nebenberuflich als Chorleiter an Musikschulen tätig.

Wolfgang Thein, geb. 1953 in Schweinfurt. Studium der Musikwissenschaft, Germanistik und Geschichte in Würzburg. Daneben Orgelstudium an der Fachakademie für Musik in Würzburg. Veröffentlichungen zur älteren und neuen Musik. Dissertation über Joh. Ockeghem.

NAMENREGISTER